정희자의 삶과 도전

내 마음에 비친 나의 모습

정희자의 삶과 도전

내 마음에 비친 나의 모습

정희자 이복실 지음

「나팔꽃」© 정희자

내 인생의 동반자이자 벗이었던 남편이
하늘나라에서는 편안하고 행복하기를 빌며
이 책을 바친다.

결혼식에서. 1964년 김우중과 결혼하면서 나의 제2의 인생이 시작됐다.

나의 어머니 정희자

어머니는 오랫동안 책 출판을 준비하셨는데 사실 난 별로 관심을 기울이지
않았다. 그러다가 아버지가 돌아가시면서 어머니의 책 출판을 도와야겠다는
생각이 들었다. 오래전 미국에서 일하는 주은지 큐레이터가 북한에 다녀와서
연락해온 적이 있다. 북한에 아버지의 흔적이 많다면서 아버지와 이야기를
나누고 기록해보라는 제안을 했다. 아버지와 이야기 나눈 내용을 책으로 내도
좋겠다고 했다. 하지만 게으른 난 그냥 그 제안을 흘려보냈다. 그러다가 작년에
아버지가 병원에서 투병하시는 걸 보면서 더 많은 이야기를 듣고 대화를
나누지 못한 것이 후회되었다.

아버지 장례 후 막냇동생 선용이랑 어머니의 책 출간을 거들게 되었다.
나는 책 내용을 위해 인터뷰를 하면서 사회에서 일하는 존경하는 여성으로서
어머니와 집에서 아버지를 외조하고 살림하고 4남매들을 키워주셨던 어머니에
대해 기억을 더듬어보고 반추하는 시간을 갖게 됐다. 물론 아무래도 몇십 년

묵은 기억은 실제의 모습보다는 조금씩 굴절되어 원래의 형태는 아닐 것이다.

나에게 어머니에 대해서 이야기하거나 글을 쓴다는 것은 정리되지 않은 서랍을 열고 그 안에 있는 여러 메모를 꺼내 보는 것과 같다. 어머니에 대한 감정과 기억은 왜곡되어 있다. 어렸을 때 보았던 어머니, 지금의 어머니, 딸로서 느꼈던 어머니, 그리고 여성으로서의 어머니에 대한 생각은 다르다.

어렸을 때 어머니는 무척 엄하고 무언가를 배우러 다니느라 바쁘셨다. 낮엔 골프를 치셨고 저녁땐 외국어를 배우러 외국어대학에 다니셨고 대학원에서 미술사를 공부하셨다. 그러곤 공부가 부족하다며 내가 초등학교 5학년 때 갑자기 유학을 떠나셨다. 그때는 외국에 가는 게 쉽지 않았기에 같이 갈 수 없었을 것이다. 하지만 막 10대가 된 나에게 어머니의 부재는 그리움과 함께 '왜 우리를 안 데리고 가셨을까?' 하는 의문을 불러일으켰던 사건이다.

그 후 어머니는 서울힐튼호텔에서 호텔리어로 일을 시작하셨고 정말 열심히 일해 성공을 거두셨다. 호텔에서 비영리 화랑을 운영하셨는데 훗날 이 화랑은 선재미술관으로 또 아트선재센터로 발전했다. 어머니는 점점 더 바빠지셔서 이야기를 나누려고 하면 집이 아닌 호텔에서 만나야 했다. 아버지와 어머니 두 분은 마치 경쟁하는 것처럼 바쁘게 사셨다. 아버지가 해외에서 일 년의 반을 보내시는 동안 어머니는 호텔에 전념하셨다.

아버지가 해외 사업을 하셨는데 해외에 나가면 배울 게 많다면서 어머니에게 여행을 자주 권하셨다. 내가 어렸을 때 어머니는 해외 여행을 다녀오시면 당신이 보고 느꼈던 것을 재미있게 이야기해주셨다. 나는 그런 어머니를 통해 세계를 빨리 보게 되었다. 때로는 아버지의 사업 파트너로서 외국에서 겪었던 일화들을 들려주시기도 했다. 예를 들면 아버지와 함께 독재자 이디 아민을 만나러 우간다에 갈 때 일이다. 당시 회사 임원들이 위험한 일이 생길 수 있으니 어머니는 안전한 곳에서 기다리라고 해서 이웃나라에 머물며 마음 졸였던 이야기나 중국과 외교 관계가 없을 때 중국을

다녀와서 보고 느낀 점들을 이야기해주셨다. 북한에 김일성 주석을 만나러
갔을 때의 경험도 재미있게 들려주셨다.

우리 가족에겐 힘든 여러 시련이 있었다. 어머니가 가장 의지하고
사랑했던 큰동생 선재가 교통사고로 저세상으로 먼저 떠났다. 이 일이 있고
나서 어머니는 점점 더 일에 몰두하셨다. 서울에 이어 경주에 새로운 호텔을
짓고 운영하셨고 해외에 호텔을 새로 만들거나 준비를 하러 외국과 한국을
오가며 일을 하셨다. 그렇게 바쁜 시기를 보내는 중에 어머니의 건강이
나빠졌다. 어머니는 50대에 위암 수술과 허리 디스크 수술을 하셨고 해외
출장 중에 장에 탈이 나서 프랑스 파리에서 병원에 입원하시기도 했다.
그러다가 1997년 IMF 사태로 아버지가 해외에 나가신 후 못 돌아오시게
됐다. 그때 아버지의 건강이 안 좋아지셨다. 2005년 아버지가 귀국하기 전까지
사람들의 눈을 피해 외국에서 숨어 사셨고 귀국 후엔 재판을 받으셨다. 그리고
지난해 아버지는 건강이 나빠져 세상을 떠나셨다.

어머니는 입버릇처럼 "내가 죽고 나서 후회하지 말고 살아 있을 때
잘해라." 하신다. 나는 이 말에 담긴 어머니의 마음을 다 헤아리지 못하고
있는지 모르겠다. 어쩌면 어머니가 진정으로 하고 싶으신 말을 아직 이해하지
못하는 건지도 모르겠다. 다만 돌아가신 아버지를 그리워하는 어머니의
모습을 보면 마음이 무척 아프다.

나는 딸이었지만 어머니가 얼마나 열심히 삶을 살았는지 다 알지는
못했다. 이 책을 준비하는 과정에서 어머니가 가졌던 야망과 꿈과 사랑을
조금이나마 알게 되었다. 그리고 그동안 이해할 수 없었던 어머니를 조금씩 더
이해하게 되었다. 항상 어머니로서보다 여성으로서의 정희자를 더 이해한다고
이야기를 하고 했다. 이 책 출간을 도우며 나의 어머니를 조금 더 알게 된

것이 나로서는 큰 수확이 아닐 수 없다. 그래서 이 책은 내게도 아주 값지고 소중하다.

2021년 1월
김선정

당신이라는 운명을 사랑할 수밖에

'이 세상에 나 혼자 남았구나.'

남편의 장례식을 마치고 집에 돌아와 방 안에 들어서니 그제야 정신이 깨어났다. 지난 1년 동안 병실에 누워 있던 남편을 떠나보낼 마음의 준비를 해왔다고 생각했는데도 막상 그가 떠나버리니 슬픔과 외로움에 견디기가 어렵다. 그래도 생의 마지막 길에 남편은 당신이 지은 병원에서 가족 모두가 지켜보는 가운데 편안하게 생을 마감했다. 남편이 떠난 후 몸을 가누기도 어려운 시간이었지만 많은 분들의 위로와 격려 덕분에 간신히 버틸 수 있었다. 장례식장을 찾아주신 많은 분들께 지면으로나마 감사 인사를 드린다.

누구나 살면서 이별을 겪는다. 나 역시 많이 겪어왔다. 하지만 남편의 죽음은 다른 이별들과는 차원이 달랐다. 선재가 죽고 나서 떼굴떼굴 구르며 울고 애통해했던 그 아픔들이 다시금 되살아났다. 내가 제일 사랑한 두 남자를 잃고 무슨 희망으로 살아가나 막막하기만 하다. 남편과 함께했던 지난 55년의

14

사연들이 폭풍우처럼 몰아쳐오기도 하고, 한순간에 밤하늘의 무수한 별들 가운데로 흩어진 기분도 든다. 잊고 싶지만 잊히지 않는 기억들도 여기저기서 떠오른다.

"모든 게 팔자소관이야."

생전에 남편이 종종 했던 말이다. 만사 노력은 물론 중요하지만 결정적 1퍼센트의 운에 따라 성공과 실패가 갈린다는 것이다. 나는 평생 그의 의견에 반대를 많이 하며 살았으나 이번만은 다르다. 나 역시 그의 의견에 동의하기 때문이다. 그러고 보면 내 인생에서 가장 운명적인 일은 바로 남편을 만난 것이다. 그는 내 인생의 동반자였다. 나는 남편 곁에서 꿈을 꾸기도 했고 또 동등한 조력자로서 인정받고자 노력했다. 그 모든 노력이 젊은 시절부터 일밖에 몰랐던 남편의 애정과 관심을 얻기 위한 한 여자의 분투였을지도 모른다. 때로 남편이 원망스럽기도 했다. 그렇지만 남편은 내가 일하고 싶어 하는 마음을 이해했고 결국 기회를 만들어주었다. 그런 면에서 그가 무척 고맙다. 돌이켜 보니 나는 그를 내조했고 그는 나를 외조했다. 우리는 환상의 콤비였던 셈이다.

"여보, 회사 이름에 당신 이름을 한 자 넣으세요."

나는 남편이 창업한다고 했을 때 반대하기 위하여 아이를 데리고 가출한 적도 있다. 하지만 막상 남편이 창업하자 태도를 바꿔 적극적으로 도왔다. 회사 이름도 내가 제안했다. 큰 대大 집 우宇, 대우. 우 자는 남편 이름 김우중의 우 자다. 대우라는 회사 이름을 그렇게 지었다. 1967년 3월의 일이다. 우리 부부는 사이가 안 좋을 때는 원망하고 싸우기도 했지만 도와야 할 때는 언제 그런 일이 있었느냐는 듯 서로 발 벗고 나섰다. 부부란 그런 것이다. 부족한 면을 채워가면서 서로를 밀어주는 지렛대 역할을 했다.

남편이 젊었을 때는 그렇게 커 보이고 태산 같았는데 생의 마지막 언저리에서는 신체적으로나 정신적으로 약했고 어린아이 같았다. 병환으로 몸도 많이 축났다. 남편이 극도로 쇠약해진 건 자신의 존재 이유이기도 했던 사업에서 손을 놓았기 때문이다. 그의 인생에서 일을 제외하면 과연 무엇이 남을까? 국가의 성장 동력을 자처하던 굴지의 대기업을 부도로 몰아넣었고 국가 경제를 위태롭게 했다는 비난은 자존심을 산산조각 냈고, 몸과 마음을 쇠잔하게 만들었다. 생의 마지막 순간까지도 그러한 비난 때문에 힘들어했다. 나는 머리를 싸매고 등 돌려 고민하는 남편을 말없이 바라보며 수없이 교차하는 연민과 애증을 함께 느꼈다.

이 책은 남편에게 보내는 나의 삶과 도전의 기록이다. 그는 일이 바빠서 내가 어떻게 살아왔는지도 잘 몰랐을 것이다. 내 마음은 그가 살아 있을 때 책을 내고 싶었다. 그러나 책이 나왔다고 해도 눈도 침침하고 귀도 잘 안 들렸는데 읽을 수나 있었을까? 그는 아내를 사랑하는 방법을 배우지도 못했고 사랑할 줄도 몰랐다. 어쩌면 저세상에서 지금도 남편을 포기하지 못하는 끈질긴 아내를 향해 고개를 절레절레 흔들고 있을지 모르겠다. 시간이 지날수록 점점 희미해지겠지만 그와의 다사다난했던 세월은 내 마음속 가장 소중한 추억으로 그대로 간직될 것이다.

지금 내 마음에는 온통 그리운 사람들뿐이다. 어렸을 때 사랑하던 할머니가 돌아가셨고 이어서 오빠, 작은 언니, 아버지가 연이어 돌아가셨다. 1990년에는 사랑하는 아들 선재까지 잃었다. 친정엄마와 존경하는 시어머니도 돌아가시고 모두 안 계시다. 형제들도 아무도 없다. 친하게 지내던 대우가족 식구들도 하나둘 세상을 떠난다. 언제 내게도 갑자기 죽음이 닥칠지 모른다.

나처럼 굴곡진 삶을 산 여성도 많지 않을 것 같다. 서울힐튼호텔 같은 굴지의 호텔도 경영했다. 한국뿐만이 아니다. 베트남 하노이와 중국 옌지 등 해외에 호텔을 일곱 개나 짓고 운영했다. 서울힐튼호텔을 힐튼 계열 호텔 중 최상의 반열에 올려놓기도 했다. 하지만 개인적으로는 아픔이 많았다. 큰아들 선재를 잃었을 때는 어떻게 살아갈까, 어떻게 버틸까 반신반의했지만 아직 살고 있다. 세월이 약이라는 말이 틀리지 않은 것 같다. 나이 들면서 삶과 죽음을 비롯한 인간사의 중요한 사건은 신의 섭리라는 생각이 든다. 인간은 뜻을 세우고 목표를 정하고 노력하지만 결국 그것을 이루고 지키는 것은 신이다. 1999년 대우그룹이 해체되고 소송과 재판 등 엄청난 폭풍우가 몰아쳤을 때는 정말 죽고 싶었다. 죽으려고 몇 번 결심도 했다. 목을 매었다가 풀었다 했다. 그러다가 수사를 받고 있던 병든 남편과 두려움에 떨고 있는 아이들을 생각하니 버텨야겠다고 마음을 굳게 다잡았다. 그 격랑과도 같았던 긴 과정을 생각하면 어떻게 버티었는지 정말 모르겠다.

"엄마, 지난 상처를 끄집어내면 또 힘들어져요."
책을 내겠다고 하니까 아이들이 다 반대했다. 순간 망설여졌다. 이제는 아이들이 반대하는 일은 하고 싶지 않았기 때문이다. 그러나 한편으로는 내가 살아온 세월을 정리하고 싶었다. 남들보다 대단한 업적이 있어서가 아니다. 우리 손자들에게 할머니가 얼마나 열심히 살았는지 자랑하고 싶은 유치함 때문도 아니다. 단지 내 이름 정희자를 걸고 살고 싶었던 어린 시절의 소박한 꿈과 열정을 기록으로 남기고 싶었을 뿐이다.

'아이들아, 미안하구나. 엄마를 이해해주렴.'

2021년 1월
정희자

꿈 많던 여고 시절. 학창 시절을 보낸 경주는 내 마음의 고향이다.

고등학교 때 바이올린을 배웠다. 나는 당시 부모와 떨어져 경주에서 혼자 학교에 다니고 있었다. 큰 언니는 그런 나를 안쓰럽게 생각했고 바이올린을 배우도록 권했다. 똑똑하고 아름다운 큰 언니는 나의 우상이자 멘토였다.

결혼식 날 주례자와 함께. 주례를 해준 분은 정동교회 김광우 목사님이다.

결혼식 날 존경하는 시어머니와 함께. 시어머니는 당시 이화여전을 졸업한 재원으로 무척 현명한 분이셨다.
돌아가셨지만 시어머니를 존경하는 마음은 여전하다.

첫딸 선정이를 낳고. 우리 부부는 젊었을 때 둘 다 자존심이 강해서 많이 다투었다. 남편이 집에서 기르던 개를 쓰다듬고 있다.

선정이를 안고 시어머니, 남편과 함께. 신혼 초에도 남편은 일이 바빠서 매일 늦게 귀가했다.

주요 사건 연혁

1964	김우중과 결혼
1967	대우실업 창업
1980	거제도 학교 준비
1982	서울 밀레니엄 힐튼호텔 개관
1989	김일성 주석 첫 대면
1990	큰아들 선재의 죽음
1991	세계축구선수권대회 참석
1991	경주힐튼호텔 개관
1991	경주선재미술관 개관
1995	숙명여대 명예박사학위 수여
1996	선재아트센터 개관
1996	중국 옌볜대우호텔 개관
1998	베트남 하노이대우호텔 개관
1999	제31회 신사임당상 수상
1999	대우그룹 해체
2005	남편 김우중 회장 귀국
2011	부산국제영화제 공로패 수상
2012	몽블랑 예술후원자상 수상
2019	남편 김우중 회장 영면

연대기 요약

1. 1950년대, 10대 성장기와 20대 초년: 운명의 남자

어머니의 사랑을 받지 못하고 자란 철부지 어린 시절. 실질적인 어머니였던 할머니와 멋쟁이 지식인이었던 아버지 그리고 넓은 세상을 꿈꾸게 해준 큰언니와의 추억들. 대학을 졸업하고 외국 유학의 꿈을 키워가던 어느 날 경기고 출신의 안경을 낀 예쁘장한 청년을 만나다. 남편과의 동반 유학을 기대하며 결혼하지만 현실은 생각과 다르게 전개되다.

2. 1960년대, 20대 중반과 30대 초중반: 간절한 열망

시댁의 자그마한 문간방에서 신혼 생활을 시작하다. 시어른을 모시고 시댁 식구들을 뒷바라지하고 또 매일 통금 시간이 다 되어야 퇴근하는 남편을 기다리며 생활하다 큰아이를 임신하고 출산하다. 동교동에서 미아리로 그리고 다시 서교동으로 이사하며 아이 넷을 낳고 사업하는 남편 바라지를 하다. 결혼과 함께 '나'라는 개인의 꿈과 포부를 이룰 길이 없어 괴로워하다. 속에서 쿡쿡 치받고 올라오는 '뭔가 이루고 싶다.' '뭔가가 되어야 한다.'라는 욕망을 누르며 살아오다. 그러던 어느 날 막내가 걸음마를 막 뗐을 무렵 미국 유학길에 오르다. 친정엄마에게 아이들을 맡기고 일을 시작하다.

3. 1980년대, 30대 중후반~40대: 깊은 슬픔

남편의 회사가 엄청난 팽창을 거듭하던 와중 일할 기회가 오다. 서울힐튼호텔 운영을 시작으로 조금씩 그리고 본격적으로 회사 일 돕기에 나서다. 김우중의 아내가 아닌 호텔 경영인 정희자라는 이름으로 서울힐튼호텔을 세계 유수의 호텔로 성장시키다. 평소 미술품에 대한 관심과 애호 그리고 미술관의 미래 가치와 비전을 발견하고 남편의 반대에도 불구하고 미술관 건립을 추진하다. 장성한 세 아이를 미국으로 유학 보내고 경주힐튼호텔과 미술관을 건립하기 위해 동분서주하던 때 장남 선재가 교통사고로 죽다. 몸과 마음이 뒤틀리는 고통과 슬픔에 빠지다.

4. 1990년대, 50대 초중반: 성공적인 커리어

선재를 잊기 위해 무섭도록 일에 매달리다. 때마침 대우는 세계 경영의 기치 아래 팽창을 거듭해 나가다. 대우의 해외사업과 함께 세계 여러 나라에서 호텔들을 경영하며 눈코 뜰 새 없이 바쁜 나날을 보내다. 젊은 시절부터 즐기던 골프에서 새로운 사업 비전을 발견하고 남편의 반대에도 추진해나가다. 그러나 밤낮없이 일하면 할수록 몸은 점점 더 아파 오고 곁을 지켜줄 남편의 따뜻한 손길이 간절해지다. 선재에 대한 그리움이 가슴에 사무치다. 중국 옌벤과 베트남 하노이호텔을 경영하는 세계적인 호텔 경영자이자 선재미술관과 선재아트센터를 운영하는 안목 있는 문화 기업가로서 활발히 활동하던 중 신사임당상을 받다. 가정에 충실하고 일에도 최선을 다한 생애가 사회적으로 인정받은 것이 기쁘면서도 그 무렵 남편의 사업이 최악의 상황으로 곤두박질쳐 불안해하다.

5. 1998~2000년대, 50대 말~60대 초중반: 소용돌이

대우 부도 사태로 인해 20년 동안 자식처럼 키워온 힐튼호텔이 매각되는 뼈아픈 고통을 겪다. 대우의 워크아웃이 결정됨과 동시에 출국한 남편은 그 길로 5년이 넘도록 타국에서 떠돌다. 자식 같은 서울힐튼호텔을 경영자인 나에게 사전에 상의도 없이 매각해버린 일 등을 비롯해서 평소 남편에게 쌓인 원망이 많다. 그러나 실의에 빠진 남편의 곁을 지키고 가족을 보살피다.

6. 2006년 이후, 60대 중반 이후: 과거라는 늪

남편의 귀국길을 수소문하길 수년, 마침내 귀국이 성사되다. 하지만 그것은 새로운 혼돈의 시작이 되어 남편에 대한 검찰의 수사와 법정 공방이 이어지고 징역형이 선고되다. 그토록 고대하던 특별사면을 받지만 기쁨도 잠시, 검찰 수사와 법정 공방이 또다시 시작되다. 이후 재산 환수 조치가 결정되는데, 특히 내 이름의 회사, 미술관, 소유물이 포함되어 충격을 받다. 누구의 아내가 아니라 내 이름 석 자를 내걸고 경영자로 우뚝 서고 싶었던 소망은 그렇게 발목이 잡히다. 땀 흘려 일군 재산과 명예를 한순간에 빼앗기며 비통함 속에서 방황하다.

7. 오늘과 내일: 남편의 죽음 그리고 혼자 남겨진 나

목차

남편과의 나들이.

1장

터프 마담, 세계로 뛰어들다

서울힐튼호텔 회장 시절. 나에게 호텔 일은 숙명과도 같았다. 호텔로 향하는 아침 출근길이 행복했다.

1994년 경주힐튼호텔 개관을 앞두고 호텔 간부들에게 업무지시를 하고 있다.

1994년 경주힐튼호텔 그랜드 오픈을 앞두고 입구 화단을 가꾸고 있다. 풀 한 포기, 나무 한 그루에도 정성을 다하였다.

1997년 10월 제2회 부산국제영화제에서 선재상Sonje Award을 시상하고 있다. 선재상은 아들 선재를 추모하기 위하여 제정한 상으로, 와이드 앵글 경쟁 부문에 초청된 한국과 아시아 단편 중 최우수 작품을 한 편씩 선정하여 각 1,000만 원의 상금을 수여한다. 첫 수상작은 「티벳의 소금장수」였다.

1995년 6월 엘살바도르 대통령 궁에서 대통령 내외로부터 그림을 선물받고 있다. 그림 속의 엘살바도르 아이들의 눈이 영롱하다.

나의 분신 서울힐튼호텔

40년 전이니까 1970년대로 생각된다. 남편이 20권짜리 일본 책 한 질을 사다 주었다. 평소 책을 많이 읽으라고 권했지만 그렇게 책 선물을 하는 건 흔치 않은 일이었다. 그런데 책 내용이 전쟁 후 폐허 속에서 성공을 거둔 일본 여성 사업가에 관한 것이었다. 왜 남편은 일본의 성공한 여성 사업가들의 이야기를 읽으라고 했던 것일까? 아마도 언젠가 내가 회사 경영에 참여할 수도 있으리라 생각하고 미리 공부를 시켰던 것 같다.

1982년 어느 날이었다. 우연히 대우센터 뒤에 있는 서울힐튼호텔 공사 현장에 들렀다. 카펫을 깔고 벽을 칠하는 등 한눈에 보아도 공사 현장이 엉망이었다.

"아까운 물자를 가지고 그렇게 엉망으로 건물을 지으면 어떻게 해요?"

나는 퇴근한 남편에게 잔소리했다. 그러자 그가 말했다.

"당신이 가서 이야기 좀 해."

다음 날 공사 현장에 갔다. 로비 실내공사를 하고 있는데 잘못된 구석이 보여 지적을 했다. 그랬더니 내가 누구인지 모르는 현장소장이 "당신이 뭔데 참견을 해?" 하고 말했다. 옆에 있던 인부들도 "귀찮으니 나가세요!"라고 쫓아냈다.

집에 와서 남편에게 공사 현장에서 겪었던 일을 이야기하다 마음이 상해서 울컥 눈물을 쏟았다.

"오늘 현장에 가서 이야기하려다가 핀잔만 듣고 왔어요. 과장이든 부장이든 뭔가 직책이 있어야 말을 하지요. 내가 뭔데 그런 소리를 할 수 있겠어요?"

며칠 후 이우복 당시 대우 부회장이 할 말이 있다면서 찾아왔다.

"호텔을 맡으시랍니다."

"어머나! 정말이에요?"

대우는 이런저런 필요에 따라 회사를 많이 인수했다. 남편은 언제부턴가 그중 조그만 회사를 내게 직접 경영해보라고 권했다. 그동안은 안 한다고 하고 못한다고 하면서 손사래를 치다가 서진악기라는 피아노 제조 회사를 잠깐 맡기도 했다. 다른 회사들은 선뜻 마음이 내키지 않았다. 하지만 호텔은 달랐다. 호텔이라면 맡아서 하고 싶었고 잘할 것 같았다. '뭔가 일을 하고 싶다는 열망과 꿈이 이제야 이루어지는구나.' 생각하니 마음이 설렜다. 그런데 그다음 말을 듣고 깜짝 놀랐다.

"직책이 회장이래요."

"네?!"

당시 내 나이가 마흔둘이었다. 마흔둘에 회장이라니 말이 안 되는 일이었다.

"저는 그런 거 못해요. 상무면 족하니까 상무 할래요."

"김 회장님이 회장 자리라고 그러셨어요."

그때까지 주위에선 나를 '선정이 엄마' 혹은 '애기 엄마'라고 불렀다. 공식적인 자리에서 '재단 이사장'이라고 부르는 게 전부였다. 나는 회장이라는 타이틀이 너무나 불편했다. 남편에게 항의하려고 보니 마침 외국 출장을 떠나고 없었다.

남편은 항상 그런 식이었다. 나와 관련된 난처한 결정을 내려야 하면 외국에 나가기 전날 조치해 놓았다. 내가 뭐라고 말할 틈을 주지 않기 위해서다. 부딪히면 언쟁이 되니까 아예 기회를 주지 않는 것이다. 그때도 그랬다. 철저한 일방통행. 그것이 남편 스타일이었다. 남편과 전화 연결이 잘 안 되다가 어렵게 통화했다.

"여보, 회장이라니 말이 돼요?"

"아무 소리 말고 그렇게 해."

그때는 사실 남편이 무서웠다. 남편의 한마디에 꼼짝없이 밀려서 회장에 취임하게 되었다. 내가 동우개발(1995년 대우개발로 변경) 회장이 됐다는 기사가 신문에 나오자 여러 이야기가 나왔다. 당시만 해도 일하는 여성들이 흔치 않았을 때다. 정식 회장은 아니고 그냥 이름만 걸어둔 것이라느니, 실권은 없을 거라느니, 금방 그만둘 거라느니 하는 이야기였다.

아마 남편은 내가 어느 정도 하다가 그만둘 것으로 생각했을 것이다. 하지만 나는 이를 악다물며 다짐했다. '죽어도 안 그만둔다. 남보다 잘한다는 소리를 꼭 듣고야 말겠다.' 각오를 단단히 했다. 정말 1~2년 하고 그만두겠지 하던 세간의 시각과 달리 나는 힐튼호텔이 채권단에 넘어가기까지 18년 동안 쉬지 않고 일했다. 집에만 있다가 밖에 나가서 일하게 되니 그리 즐거울 수가 없었다. 어렸을 적 나의 꿈이 실현되는 것 같았다. 아침 출근길은 늘 상쾌했다. 더 이상 일할 수 없게 될 때까지 정말 최선을 다해 일했다.

호랑이보다 무서운 터프 마담

호텔을 다 짓고 나니 가게를 임대해달라는 사람들이 많았다. 그래서 현장 소장에게 물어보니 힐튼호텔에서 모두 관리한다고 했다. 차관을 어렵게 받아 힘들게 짓는데 그런 권한이 없다는 게 이상해서 계약서를 검토해보았다. 그랬더니 가게 임대는 물론이고 인사권, 구매권, 재정권, 감사권 모두 힐튼호텔이 가지고 있었다. 게다가 1년에 25퍼센트의 경영 수수료를 내야 했다. 한마디로 우리에게는 아무 권한이 없는데다 수익은 수익대로 힐튼에 주어야 했다.

"여보, 이건 정말 말도 안 되는 불리한 조건이에요. 이런 식으론 운영할 수

서울역 근처에 있는 서울힐튼호텔 전경. 서울힐튼호텔은 1982년에 개관했다.

없어요. 계약을 파기합시다."

　　내 얘기를 듣고 남편은 펄쩍 뛰었다. 우리 쪽에서 먼저 계약을 파기하면 위약금을 물어야 하는데 그 액수가 어마어마하다고 했다. 하지만 아무리 생각해도 이런 조건으로 호텔을 경영한다는 것은 무리였다. 절친한 친구인 삼성의 이명희 씨에게 털어놓았다. 그녀가 아버지 이병철 회장님에게 내 사정을 얘기했더니 그런 계약이라면 파기하는 게 낫다는 의견을 전해 왔다. 그리고 만약 그 계약을 파기하면 당신이 전통 있고 명망 있는 일본의 오쿠라호텔과 계약을 체결할 수 있도록 도와주겠다고 했다. 이명희 씨는

회의를 주재하며. 서울힐튼호텔을 최고의 호텔로 만들기 위하여 노력했다.

나에게 직접 아버지를 만나 상의해보라고 했다.

"애기 엄마, 앞으로 오쿠라호텔하고 계약하면 경영 수수료는 적을 건데 힐튼호텔하고는 계약 조건이 어떤고?"

삼성의 창업주가 왜 내게 그렇게 친절하게 조언했는지 생각해본 적이 있다. 귀여워하는 막내딸의 친구이자 젊은 여자가 일해보려고 하니 좋은 방향으로 이끌어주려고 한 마음도 있을 것이다. 다른 한편으로는 아마 당시 무섭게 치고 올라오는 대우에 대한 경계심도 있었을 것 같다. 힐튼호텔 역시 당신의 신라호텔과 경쟁을 할 수밖에 없었던 상황이다. 사실 당시 대우는 창업 10년 만에 재계 서열 상위권으로 껑충 뛰어 기존 대기업들을 위협하고 있었다. 현대와는 중공업, 건설, 자동차 등 진출하는 업종마다 부딪혔다. 정주영 회장은 남편에 대한 불편한 심기를 감추지 않았다. 삼성과는 1980년대에 들어서 호텔업 외에도 가전 사업에 뛰어들면서 본격적인 경쟁 관계에 놓이게 되었다.

어쨌든 나는 대우의 국제 변호사를 통해서 힐튼호텔을 운영하던 팬암사에 이런 조건으로는 호텔 문을 열지 않겠다는 뜻을 전달했다. 그러자 팬암사는 미국 대사관을 통해 압력을 넣었다. 다행히 당시 우리와 친분이 있던 워커 주한 미국 대사가 중간에서 무마해주어 계약 조건을 다시 조정할 수 있었다. 나는 우리가 원하는 조건이 받아들여지지 않으면 정말 호텔을 열지 않겠다는 각오로 협상에 임했다.

"우리가 얼마나 어려운 상황을 뚫고 호텔을 짓고 있는지 아시나요? 당신들의 계약 조건은 너무나 터무니없어 도저히 받아들일 수 없습니다. 우리는 당신들이 생각하는 것처럼 그렇게 만만하지 않아요. 계약을 다시 합시다!"

젊은 여자가 두 눈을 부릅뜨고 설득해오니 하는 수 없었는지 계약 조건이 조정되었다. 협상 때, 지금은 돌아가셨는데 헨델이라는 분을 비롯해 좋은 분들을 만난 것이 행운이었던 것 같다. 결국 구매권, 인사권, 재정권, 감사권은 물론 가게 임대도 우리가 관장하는 것으로 조건을 재합의했다. 게다가 경영 수수료도 5퍼센트를 깎아서 25퍼센트에서 20퍼센트로 정했다. 믿기지 않는 결과였다. 내가 호텔 경영을 시작하며 가장 먼저 배운 것은 외국 회사와 협상하는 방법이었다. 그 후에도 힐튼과 여러 가지 협상을 많이 해야 했다. 그때마다 어찌나 열심히 싸웠는지 내가 호랑이보다 더 무섭다면서 터프 마담Tough Madam이라는 별명을 붙여주었다.

남편의 출근 시간은 새벽 여섯 시 이전이다. 새벽 회의가 여섯 시부터 시작되기 때문이다. 남편의 일과에 맞추려면 나는 네 시 반에 일어나 식사와 출근 준비를 해야 했다. 호텔 일을 시작한 후에도 남편을 챙기고 집안일을 하는 데 소홀해지지 않으려고 애썼다. 아무리 회사 일이 바빠도 남편이 집에 있을 때는 화장을 하거나 옷을 갈아입는 모습을 보이지 않았다. 남편이 회사로

간 뒤에야 비로소 출근 준비를 했다. 남편이 출장을 가고 없을 때는 새벽같이
일어나 호텔로 향했다. 회장이라는 타이틀은 아직 부담스럽고 불편했다.
하지만 출근길은 즐거웠다.

　　호텔 일은 할수록 재미있었다. 사람마다 각자 자기만의 길이 있다면 나는
태어날 때부터 호텔 경영자가 되기로 정해져 있던 게 아닐까 생각할 정도였다.
음식 솜씨 좋고 다림질이며 정리정돈을 잘하는 어머니 밑에서 야무지게
살림을 배운 것, 워낙 눈썰미가 좋은데다 어린 시절부터 인테리어 디자이너를
꿈꿀 만큼 집안 가꾸기를 좋아했던 것, 여러 나라의 바이어에게 오랫동안
음식을 대접해온 것, 남편을 따라 세계 각국의 다양한 호텔에 투숙하고 음식을
맛보는 체험을 해본 것 등 모든 일이 후일 내가 호텔 경영을 하도록 이미
계획된 일처럼 느껴졌다.

　　나는 호텔이 어떤 곳이고 호텔 살림이 어떻게 꾸려지는지 등을 경영자의
입장에서 빠르게 파악해 나갔다. 당시 서울힐튼호텔에는 제너럴 매니저,
즉 총지배인으로 근무하는 스미스라는 분이 있었다. 호텔에서 먹고 자며
24시간을 관리하는 베테랑이었다. 그를 통해 많이 배울 수 있었다. 나는 그가
평소에 호텔 구석구석을 다니며 어디에서 무엇을 어떻게 체크하는지 등을
눈여겨보며 매니징 노하우를 내 것으로 만들어나갔다.

　　호텔업과 같은 서비스업은 다른 분야와 달리 사람이 하는 일이
대부분이다. 서울힐튼호텔에도 약 1,000여 명의 사람들이 일하고 있었다. 그
많은 사람들이 자기가 맡은 분야에서 최선의 서비스를 다하고 일사불란하게
움직여야 손님들이 편안하다. 그래야 호텔이 잘 돌아간다. 그런데 내가
호텔업에 처음 발을 들여놓았을 때만 해도 우리나라에는 호텔이 많지 않았다.
호텔에서 일하는 사람조차 호텔에 대해 잘 알지 못하는 경우가 많았다.
그래서 비록 호텔 서비스에 관해 정식으로 교육을 받진 않았으나 외국의 많은
호텔들에 투숙하며 경험한 서비스와 수십 년 동안 집안 살림을 하며 몸에

익힌 노하우를 직원들에게 그때그때 알려주고자 했다.

그리고 부지런히 움직이며 호텔에 들어가는 비용을 아꼈다. 내가 새벽에 고속버스터미널 꽃 시장에 가는 건 꽃을 좋아해서이기도 하지만 그만큼 싸게 꽃을 살 수 있어서다. 꽃꽂이 역시 전문적인 플로리스트에게 맡기지 않고 직접 함으로써 인건비를 줄였다. 나는 호텔의 살림살이를 구석구석 잘 알았기 때문에 원가 절감 아이디어도 많이 냈다. 침대에서 헌 시트를 벗겨 새 시트로 갈고 깔끔하게 정돈하고 보니 시트의 크기가 필요 이상으로 컸다. 만약 시트를 조금 작게 만든다면 그만큼 원단 비용도 적게 들 것이고 세탁할 때 세제와 물도 절약되리라 생각했다. 그래서 새 시트를 주문할 때 그 크기를 줄여 딱 알맞게 제작했다.

그릇에 대한 에피소드도 있다. 서울힐튼호텔을 개관할 때 식기들은 독일산 명품인 빌레로이앤보흐였다. 그런데 사용하다 보면 깨지는 그릇이 수도 없다. 독일산이라 수입해야 했는데 당시 외국 물건을 들여오기가 쉽지 않았다. 물론 호텔은 예외였지만 그 그릇값이 턱없이 비싼 것이 문제였다. 도저히 안 되겠다 싶어 무슨 좋은 방법이 없을까 궁리를 했다. 호텔 개관 후 2년쯤 되어 그릇을 교체할 때가 되었다. 우리나라의 도자기 메이커 중 하나인 밀양도자기 관계자를 회사로 불러 얘기를 해보았다. 호텔에서 사용할 식기를 새로 주문하려면 그릇 도안이 필요한데 그 디자인 비용이 상당히 비쌌다. 그래서 기존 독일 그릇과 느낌은 비슷하나 똑같지는 않게 내가 직접 디자인해서 건네주었다. 식기류의 원가를 확연히 줄였음은 말할 필요가 없다.

만약 내가 힐튼과 경영 조건을 재협상하지 않았다면 꿈도 꿀 수 없었던 일이다. 우리가 구매권을 갖고 있었기 때문에 물품 구매를 결정하고 처리할 수 있었다. 사실 호텔은 개관해서 10년은 되어야 투자 비용을 모두 회수할 수 있다. 매출을 따져보면 적자의 연속이었다. 당분간은 적자가 불가피했지만 비용을 줄이기 위해 굉장히 애를 썼다. 내가 우리 직원들에게 늘 했던

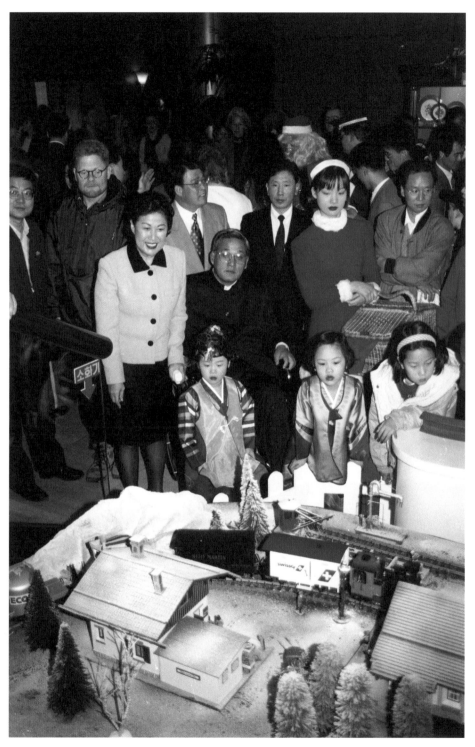

덩샤오핑의 장남 덩푸팡 중국장애인협회장이 서울힐튼호텔의 '크리스마스 기차' 개통식에 참석해 설명을 듣고 있다.

잔소리가 있다. 이것은 경제에 관한 내 소신이기도 했다.

"1,000원을 귀하게 여겨야 한다. 1,000원이 모여야 1만 원이 되고 1만 원이 모여야 10만 원이 되고 100만 원이 된다. 한 번에 100만 원이 모일 수 없다. 그러니 1,000원 그 자체를 귀하게 여겨라."

커피에 넣는 설탕 한 스푼이 아무것도 아닌 것 같아도 열 명한테 가면 열 스푼이 된다. 음식에 넣는 참기름도 마찬가지다. 100명이면 100방울이 들어간다. 설탕 한 스푼, 참기름 한 방울이라도 아끼는 것이 중요하다고 계속 말했다. 사람들은 내가 호텔의 회장이고 대단한 기업가의 아내니까 돈을 잘 쓸 것으로 생각하지만 사실은 아니다. 신혼 때부터 남편의 월급으로 시어머니와 시동생들의 생활비와 학비를 대며 아끼며 생활하는 것이 습관이 되었다. 허튼돈을 써서는 생활 유지가 안 됐다. 결혼하고 가계부를 내내 썼고 그걸 오래 간직해왔다. 우리 세대의 기업가들 대부분이 그랬다. 가난한 시절을 살아보았기에 절약 정신이 남다른 것이 사실이다.

지금도 나는 돈을 귀하게 여긴다. 이 돈을 벌기 위해 얼마나 많은 땀을 흘려야 하는지 알기 때문이다. 손주들에게 용돈을 줄 때도 꼭 봉투에 넣어서 준다. 봉투에도 당부 말을 쓴다. 별말은 아니다. '엄마 말 잘 들어라.' '공부 열심히 해라.' 등 늘 듣는 문구이다. 하지만 용돈을 받은 우리 손주들은 돈을 쓰면서 할머니의 마음을 한 번 더 생각할 것이다. 나는 내가 우리 집의 살림을 했던 것처럼 꼼꼼하게 호텔 살림을 챙겼고 직원들에게 계속해서 물자들을 아낄 것을 요구했다. 그렇게 했더니 놀랍게도 호텔을 개관한 지 3년 후부터 흑자를 바라보는 손익분기점을 넘었고 5년 후에는 호텔을 짓기 위해 빌려 온 차관을 이자와 함께 모두 갚을 수 있게 되었다. 지금 생각해도 뿌듯할 정도로 예상 밖의 빠른 성과였다.

세상에 하나밖에 없는 호텔

대학 졸업 후 유학을 가서 인테리어 디자이너가 되고 싶었다. 결혼 때문에
꿈은 무산되었다. 하지만 호텔 경영을 시작하면서 내 이름을 걸고 일하고
싶다는 지난날의 꿈을 실현하고 싶은 열망이 다시 끓어올랐다. 호텔 건설과
운영은 나의 열정이자 직업이자 존재 이유였다. 그러려면 모든 일에 최선을
다하고 현장을 직접 뛰어야 했다. 용띠생으로 활달하고 적극적인 성격이다
보니 일에서 행복을 찾게 되었다. 거기다 남편은 여전히 사업에 바빠서 내게
눈길조차 주지 않았다. 아마 일을 하지 않았더라면 허전한 마음에 눈을 딴 데
팔았을지도 모른다. 난 남편이 곁에 없는 허전함을 자녀 교육과 일로 달랬다.

서울힐튼호텔을 시작으로 15년 동안 한국, 중국, 베트남 등에 일곱
개의 호텔을 열었다. 호텔에 대한 나의 콘셉트는 명확하다. 호텔은 효율적인
범위 내에서 '내 집처럼' 편안한 느낌을 주고 여성적인 인테리어 감각과
조명으로 고급스러움과 세련미를 제공해야 한다. 나는 호텔 경영도 내 집
살림하듯이 했다. 사물을 관찰하고 직접 행동에 옮기는 것을 좋아하는 나의
성격도 한몫했다. 주방장에게 음식을 어떻게 만드는지 보여주기 위해 주방에
들어가기도 했다. 새벽에 출근해 편안한 작업복으로 갈아입고 빗자루로
로비를 쓸었고 주방에 들어가 그릇들을 정리했다. 직원들이 회고하기를
"회장님이 직접 빗자루를 들고 청소 시범을 보이시고 꽃 도매상에서 꽃도 직접
골라 사 가지고 오세요." 새벽 꽃 시장에 가서 싼값에 꽃을 구입해 꽃꽂이를
하고 식당 테이블을 장식했다. 침대 시트를 갈고 정리를 했다. 테이블 위
전화기와 메모지의 위치도 교정했다. 때론 김치도 담갔다. 일주일에 한두 번씩
식당의 주방장과 요리사들과 함께 새벽 4시에 수산 시장에 가서 장을 보았다.
어느 해 겨울에는 장 보러 나가다 얼음판에 미끄러진 적도 있다.

"회장님 그냥 계세요. 저희가 다 알아서 할 텐데 왜 사서 고생을 하세요."

서울힐튼호텔에서 열린 '관광의 날' 행사에 참석한 김영삼 대통령.

　　많은 사람들이 나의 그런 행동을 이해하지 못했다. 나이가 들고 몸이
아파서 직접 하기 어려울 때까지 웬만한 일들은 직접 챙겼다. 내가 고집스럽게
직접 일한 이유는 내가 잘해야 직원들도 그걸 본받고 따라 할 수 있다고
생각했고 또 원가 절감에도 도움이 됐기 때문이다.

　　나는 전 세계에서 호텔의 인테리어 아이디어를 구하고 찾았다. 해외에 갈
때마다 특이한 물건과 예쁜 소품을 파는 가게들을 찾아다니기도 했다. 옷감,
접시, 식탁보, 티스푼, 시트, 촛대, 소파, 의자에 이르기까지 거의 모든 물건을
내가 찾고 직접 골랐다. 지나가다가 우연히 본 가게에서 가구와 물건을 사
오기도 했다.

　　나는 여행 자율화가 되기 훨씬 전부터 외국을 여행했다. 다른 나라에
대한 여행 정보가 없을 때였기에 일본 여행 서적을 구해 읽으며 다녔다. 그

당시만 해도 우리나라가 여러모로 뒤떨어져 있어서 좋은 물건이 없었다. 너무 가난해 먹고사는 데 바빠 인테리어에 관심을 쓸 여유가 없었던 시절이다. 하지만 나는 책을 통해 해외 트렌드를 배웠다. 나중에는 현지 방문을 통해서 그 나라의 역사와 문화와 생활을 직접 눈으로 보고 피부로 느끼며 경험했다. 좋은 물건이 있다는 소식을 들으면 물어물어 가게를 찾아다녔다. 꼭 럭셔리하지 않더라도 그 나라에서만 구할 수 있는 물건들이 있다. 나중에 돌아보니 그런 경험들이 살아 있는 지식 재산이 되었다. 그 과정에서 호텔에 대한 안목 역시 자랐다. 지금은 우리나라에 좋은 물건이 많아서 그럴 필요가 없지만 1970년대와 1980년대에는 인테리어에 적합한 물건이 많지 않았다. 나는 경험을 소중하게 여기는 편이다. 직접 경험을 하든지 책을 통해 간접 경험을 하든지 견문과 소양을 넓혀야 한다고 생각한다. 호텔 경영은 특히 더 그렇다.

나는 해외에 갈 때마다 다른 호텔을 이용했다. 예를 들면 파리에 가면 첫째 날은 플라자호텔, 둘째 날은 리츠호텔, 셋째 날은 크리용호텔 등 매번 다른 호텔에서 잤다. 그 호텔의 서비스, 음식, 인테리어를 비교하거나 아이디어를 구하기 위함이다. 멋지고 훌륭한 호텔에서의 실제 경험들이 호텔 경영에 도움이 되었다. 어느 나라든 호텔에 가면 청소와 정돈 상태, 위생 관리, 도어맨의 태도, 프런트 데스크의 서비스를 눈여겨봤다. 방 안에 있는 모든 것이 어색하지 않게 잘 배치되어 있는지와 집에 온 것처럼 아늑하게 느껴지는지를 살폈다. 요즘에는 최신형 물품들을 방 안에 비치하는 호텔들이 많다. 그런데 그것보다는 집에서 쓰는 것 같은 친근감 있는 물건들이 오히려 더 편할 수 있다. 최신형 집기들을 들여놓으면 손님들이 사용 방법을 잘 몰라서 스트레스를 받을 수 있기 때문이다. 비즈니스맨들이 일하고 돌아와 편안하게 텔레비전을 보고 전화하고 신문을 보며 쉴 수 있는 호텔이 가장 좋은 호텔이라고 생각한다.

세계 각지를 다니며 묵어본 호텔 중에서 좋은 호텔을 골라본다면 파리의 조르주생크호텔과 플라자아테네호텔, 하와이의 와일리아호텔, 도쿄의 세이요호텔을 꼽을 수 있다. 프랑스가 자랑하는 파리의 조르주생크호텔은 100년 가까운 유서 깊은 호텔이다. 높은 천장과 고급스러운 소파와 집기 등은 옛날 사람들이 얼마나 사치스럽게 살았는지를 짐작하게 해주었다. 아테네플라자호텔 역시 파리에 있다. 규모는 작지만 섬세하고 친절한 서비스로 이름이 높았다. 프런트 데스크의 직원들은 한 번 묵었던 손님을 꼭 기억했다. 그래서 그 손님이 좋아하는 방향이 어느 쪽인지 알아두었다가 그쪽으로 방을 배정해주었다. 하와이의 와일리아호텔은 바다로 탁 트인 전망이 일품이었다. 무엇보다 로비에 보테로의 값비싼 조각 작품 수십 점이 놓여 있는 것이 특색이었다. 도쿄의 세이요호텔은 작지만 아늑한 호텔이었다. 집기며 커튼, 침구, 방의 온도, 서비스 등이 뛰어났다 바로 내 집에 앉아 있는 듯한 편안함과 아늑함을 느낄 수 있었다.

언젠가 워싱턴의 저명한 호텔 경영자가 우리 호텔에 온 적이 있다. 너무 오래전이라 그분의 이름과 호텔 이름은 생각나지 않는다. 내가 럭셔리한 부티크 호텔을 하고 싶은데 서울에 와서 한번 봐달라고 했다. 그는 우리 호텔을 둘러보고는 고개를 내저었다.

"이렇게 룸이 많으면 비즈니스 호텔밖에 안 됩니다."

당시 서울힐튼호텔의 객실은 820개였다. 그렇게 객실 수가 많으면 양질의 서비스를 제공하기 어렵다는 것이다. 호텔이란 먹고 자고 재충전한다는 점에서 집과 똑같다. 객실이 많아질수록 크기가 좁아지기 때문에 잠만 자는 공간밖에 되지 않는다. 객실 수가 250~300개 미만이어야 더 편안한 공간과 세심한 서비스를 제공할 수 있다. 나는 그의 얘기를 듣고 오기가 생겼다.

"그래? 어렵다면 내가 더 잘해봐야지."

그러나 서울힐튼호텔은 애초부터 비즈니스 호텔로 계획된 것이기에 어느 정도 한계가 있었다. 특히 체인 호텔은 위탁경영 회사가 투자금을 회수해가기 바쁘기 때문에 재투자하기가 쉽지 않다. 그럼에도 나는 투자를 아끼지 않았다. 수익이 나면 그 즉시 호텔에 재투자했다. 나는 해마다 2개 층, 3개 층, 4개 층씩 리노베이션했다. 새로 바꾸고 또 바꾸면서 23층까지 전 층을 리노베이션하는 데 5년이라는 시간이 걸렸다. 객실 수가 600여 개로 줄어들자 더 편안하고 럭셔리한 호텔로 거듭났다.

드디어 1996년에 서울힐튼호텔이 전 세계 500개 힐튼호텔 가운데 최고의 호텔로 선정되었다. 언젠가부터 외국에 나가 호텔에 묵을 때면 알아보는 사람들이 많아졌다. 한국에서 온 정희자라고 하니 "서울힐튼호텔의 마담 정 아니세요?" 하며 반갑게 맞이했다. 내가 묵는 방을 업그레이드 해주었고 자기네 호텔에 대한 의견을 묻곤 했다. 내 생각을 얘기해주면 그렇게 고마워할 수가 없었다.

사람을 향한 열정

호텔의 수익은 객실료와 함께 각종 부대 행사의 식사비에서 얻는 만큼 호텔의 음식 맛은 매우 중요하다. 요리사들과 장을 보러 가고 손님상에 낼 김치를 주방에서 담글 만큼 맛있는 음식을 만드는 데 신경을 썼던 이유이다. 그런데 총주방장을 비롯한 외국인 요리사들이 우리 요리사들에게 요리법을 가르쳐주지 않았다. 아마도 다른 체인 호텔들과 달리 내가 인사권을 쥐고 있으니 자신들의 신분을 보호하는 차원에서 그렇게 배타적으로 행동하지 않았나 싶다. 나 또한 오기가 발동해서 우리 요리사들을 해외로 보내 직접 본토의 요리를 배울 수 있게끔 했다.

서울힐튼호텔 창립 10주년 행사에서 케이크 커팅을 하고 있다.

　　동시에 직원들의 서비스 교육을 철저하게 했고 호텔 음식 맛을 향상하는
데도 심혈을 기울였다. 이탈리아 식당을 열 때는 직원들과 이탈리아에 가서
여러 식당을 다니면서 음식을 먹어봤다. 일주일 동안 내내 이탈리아 음식만
먹으니 물려서 도저히 못 먹을 정도까지 되었다. 하지만 그 덕분에 서울의
그 어느 곳보다도 이탈리아 음식을 잘하는 곳으로 평가받게 되었다. 중국
식당을 오픈할 때는 직원들과 홍콩에 가서 가루파 간장 소스를 만들기 위해
여러 생선을 가지고 실험해봤다. 그 결과 우럭으로 가장 그럴듯한 맛을 내는
데 성공했다. 스파게티 면 삶기, 간장 소스 하나에도 실험을 하고 정성을
기울였으니 품질은 계속 좋아졌다.

　　그러나 직원들은 많이 힘들어했다. 그 당시 우리 직원들이 야단맞은
것밖에 기억이 안 난다고 할 만큼 혹독하게 훈련을 시켰다. 나는 성격상

남의 잘못을 감추면서 잘했다고 칭찬하지는 못했다. 내 스타일이 그렇다 보니 그만두는 직원들도 있었다. 특히 여직원들이 오래 견디지를 못했다. 나는 사표를 내는 직원이 계속 호텔을 다니게 하려고 설득했다. 사실 야단을 쳐가면서 그때까지 교육한 것이 아까웠기 때문이다. 사람을 훈련하는 것만큼 어려운 일이 없다. 하지만 일단 호텔을 나간 사람은 다시 부르지 않는 게 나의 철칙이다. 사실 내가 야단을 치는 것은 그 사람을 향한 것이 아니다. 그 사람이 해놓은 것, 완전하지 못한 업무에 대한 것이다. 대신 어떤 사람이 한 일이 잘됐든 못됐든 그 노력과 수고에 대해서는 칭찬을 아끼지 않는다. 그런데 야단맞은 직원들은 심적으로 상처를 받았다. 내가 하도 야단을 치니 나중에는 직원들이 말했다.

"회장님은 좋은 호텔을 다녀보셨지만 우리는 그렇지 않잖아요."

"그럼 경험할 기회를 주어야겠네요."

주방의 요리사들과 객실 담당 직원들 그리고 고위급 임원 등을 수시로 외국의 호텔로 데리고 가서 고급 호텔은 어떤 것인지를 직접 보고 느끼게 했다. 테이블 세팅이 어떻게 다르고 침대 커버는 어떻게 정리되어 있는지 등을 확인하게 해주었다. 유명한 프랑스 식당에 가서 음식을 먹어보게 했다. 메뉴는 어떻게 구성되어 있고 우리가 배우고 응용할 것은 없는지를 살펴보고 얘기했다. 한 번의 경험으로는 잘 파악을 할 수 없다. 그래서 의욕이 있고 가능성이 있는 직원에게 계속해서 외국의 호텔과 음식을 체험할 기회를 주었다.

직원의 해외 방문은 회사의 서비스 품질을 높이기 위한 교육의 일환이었다. 비용은 모두 사비로 부담했다. 일반적인 상식으로는 이해할 수 없는 일일 것이다. 그때의 나는 얼마를 벌겠다는 욕심이 없었다. 다만 서울힐튼호텔을 최고의 호텔로 만들고 싶었다. 나는 고급 호텔에 대한 집념을 포기하지 않았다.

서울힐튼호텔 주방장들과 함께. 음식 솜씨가 좋은 박효남 요리사를 최연소 임원으로 승진시키기도 했다.

　　프랑스 레스토랑 '시즌스'를 열 때도 마찬가지였다. 전 세계에서 제일 멋지고 훌륭한 인테리어 제품들을 구하기 위해 여기저기 다녔다. 좋은 제품을 구하려면 발품을 많이 팔아야 했다. 음식의 맛도 최고여야 하고 음식을 먹는 환경도 최고여야 완벽하기 때문이다. 사람들이 고급 호텔 식당을 찾는 이유라고 생각했다.

　　시즌스 개관 당시 요리사는 박효남이었다. 요리사 중에도 뛰어나게 요리 솜씨가 좋았다. 1987년에 프랑스와 벨기에로 그리고 1989년에 프랑스로 연수를 다녀오며 솜씨가 일취월장했다. 1994년에는 세계 3대 요리대회인 싱가포르 세계요리 대회에서 다섯 개 부문에서 금상을 휩쓸었다. 서울힐튼호텔이 개관했을 때부터 근무했는데 입사 12년 만이던 1995년에 차장으로 승진했고 2년 후 부장 그리고 1999년에는 이사로 승진했다. 그를 승진시키는 과정에서 당시 임원이었던 외국인 요리사들이 거세게 항의했다. 그동안 외국인 요리사들에게 못마땅한 것들이 많았다. 그래서 나는 그들에게 강경하게 대응하여 박효남을 최연소 임원으로 승진시켰다.

그는 2001년에 총주방장이 되었다. 내국인이 총주방장에 오른 것은 200개 힐튼 체인 중 서울힐튼호텔이 처음이었다. 서울힐튼호텔이 매각되고 난 일이기 때문에 그 자랑스러운 모습을 직접 보지 못한 것이 안타깝지만 지금도 박효남은 명절이면 나에게 불고기를 재어 보내온다. 지금은 세종호텔 주방장으로 근무하고 있다.

호텔 경영의 모든 것

나는 서울힐튼호텔의 회장으로 일할 때 기본적으로 힐튼에서 큰 도움을 받았다. 처음 호텔을 지을 때 거액의 미국 차관을 조달할 수 있었던 것도 힐튼의 체인 호텔이었기 때문이다. 또한 힐튼의 체인 호텔이기에 호텔을 알리기도 쉬웠고 브랜드 이미지도 좋았다. 거기다 힐튼의 예약 전산망을 활용할 수 있어 객실 영업하는 데도 도움이 되었다. 힐튼은 우리에게 호텔의 건축 기술부터 전산 시스템, 종업원 교육, 각종 영업 매뉴얼 등을 지원해주었다. 어떻게 보면 힐튼에서 호텔 경영의 모든 것을 배웠다고 해도 과언이 아니다.

하지만 힐튼과 일하면서 겪는 어려움도 만만치 않았다. 내가 겪은 어려움의 근원은 1977년부터 20년간 지속된 '위탁경영 계약' 때문이었다. 우리나라 대부분의 체인 호텔들은 우리처럼 위탁경영 계약을 맺었다. 한마디로 호텔 경영을 외국의 체인 회사에 위탁한다는 것이다. 웨스턴은 1967년부터 25년간 조선호텔을, 하얏트는 15년간 그랜드하얏트서울을,

김우중 회장이 서울힐튼호텔 시찰을 왔다. 스미스 총지배인이 설명하고 있다.

라마다는 라마다르네상스를 10년간 위탁경영했다. 힐튼, 웨스턴, 하얏트, 라마다와 같은 브랜드를 사용하고 위탁경영을 맡기면 우리 같은 소유 회사는 경영 회사에 수수료를 내야 했다. 영업이익의 몇 퍼센트, 총매출액의 몇 퍼센트, 객실 수입의 몇 퍼센트 하는 식의 계약 조건이 붙는 것이다. 게다가 그들에게 인사권, 구매권, 재정권, 감사권 등 모든 경영권을 내주어야 했다. 우리 대신 호텔을 맡아 경영할 총지배인을 비롯한 핵심 간부들 30~40여 명을 파견하는데 임금 수준이 직원들 월급과는 비교가 안 될 정도로 높았다.

앞에서도 말했지만 내가 처음 호텔 일을 시작할 때 호텔 내 상가들을 임대하고자 했는데 아무 권한이 없다는 사실을 알고 얼마나 기가 막혔는지 모른다. 힐튼 측과 협상해서 계약 사항들을 상당 부분 다시 조정한 것은 지금 생각해도 잘한 일이다. 그렇게 해서 호텔의 상가 임대를 비롯한 네 종류의

1990년 5월 경주힐튼호텔 협약식에서. 힐튼호텔과 협약식을 맺고 협약서를 교환했다. 애초에 경주힐튼호텔은 자체 브랜드로 운영하려고 했다. 하지만 건강이 안 좋아지는 등 여러 악재가 겹치는 바람에 포기하고 힐튼 브랜드로 탄생되었다.

경영권을 가져왔다. 이것은 경영 형태가 위탁경영에서 합작투자로 바뀌었다는 것을 의미한다. 즉 힐튼이 경영권을 우리에게 양보하는 대신 우리 호텔에 자본 참여를 한 것이다. 그렇게 함으로써 힐튼은 영업이익의 20퍼센트와 주주에게 돌아가는 수익 배당금을 가져갔고 호텔 경영에도 간접적이나마 참여했다.

힐튼과 일하면서 호텔경영 회사들이 어떤 식으로 비즈니스를 하는지 배우게 되었다. 내가 가장 놀란 것은 '구매' 부분이었다. 앞서 얘기했듯 이 호텔에는 수만 가지의 물건들이 필요하다. 조그마한 비누부터 휴지통, 커튼, 침대, 유니폼, 가전제품, 가구, 음식 재료 등 일상생활에서 사용하는 모든 것이라 해도 과언이 아니다. 그런 물건들이 힐튼 본사를 통해 들어온다. 중요한 것은 물품마다 일정한 수수료가 붙는다는 것이다. 매일매일 물건들을 사용하다 보니 대부분 없어지고 고장 나고 교체해야 했다. 게다가 호텔의 품격을 고려해서 고급 제품도 많다. 그래서 그 수수료라는 것이 엄청난 액수에 이르렀다.

박정희 대통령 시절 외국에서 일반 생활용품을 수입하는 것은 엄격히 제한되었으나 호텔업만은 예외였다. 호텔경영 회사로서는 호텔에서 구매하는 모든 물품에서 수수료를 챙길 수 있으니 물건을 아끼는 것이 그리 절박하지 않았다. 수많은 체인 호텔들이 개관해서 손익분기점을 넘어 수익을 내기까지 10년 이상이 걸렸던 이유이기도 하다. 호텔 경영 회사가 영업수익의 몇 퍼센트, 총지배인과 총주방장을 비롯한 외국인 간부들의 급여, 그리고 물품 구매 수수료까지 가져갔다. 그러다 보니 투자 비용을 회수하고 손익분기점에 도달하기가 어려웠다. 수익이 나도 그때부터는 시설 보수 등 감가상각비가 커진다. 호텔을 업그레이드하기 위한 리노베이션이나 재투자는 할 수가 없는 것이다. 어쨌든 내 생각대로 고집스레 호텔 경영을 밀고 나갔지만 힐튼과의 경영 계약은 부담스러웠다. 그래서 경주에 호텔을 지을 때는 힐튼 체인이 아닌 자체 브랜드를 내걸고 단독 경영을 해보고 싶었다. 체인 호텔의 장단점을 너무나 잘 알았기 때문이다.

1980년대 말 경쟁 회사인 현대와 삼성이 자신들의 이름을 내건 호텔을 경주와 제주에 짓는 것도 자극제가 되었다. 유럽의 어느 고급 호텔과 견주어도 뒤지지 않는 호텔을 짓고 싶어 2년여를 서울과 경주를 오갔다. 그러던 중 1990년에 갑자기 몸에 이상이 왔다. 위가 아파 검사해보니 위암이라는 판정이 났다. 갑작스러운 판정에 모두 당황했다. 나는 내 몸보다 회사 일이 더 걱정이 되었다. 수술을 받고 입원하니 경주 호텔을 준비해나가는 데 착오가 생겼다. 이런저런 논의 끝에 자체 브랜드 대신 힐튼 체인 호텔로 안전하게 운영하자고 결론을 냈다. 나 역시 그 결정에 동의할 수밖에 없었다. 결국 1990년 5월 26일 힐튼인터내셔널과 경주힐튼호텔의 경영위탁 계약을 체결하게 되었다.

경기도 포천에 소재한 아도니스 골프장 전경. 취미로 시작한 골프에서 스포츠 산업의 미래를 보았다.

경주 호텔에 우리의 자체 브랜드를 붙이려고 한 시도는 무산되었다. 하지만 그로부터 5년 후 대우의 세계 경영을 상징하는 대우호텔을 중국 옌볜과 베트남 하노이에 개관하면서 내 꿈은 실현되었다.

서울힐튼호텔은 호텔 소유 회사인 우리 쪽에서 경영권을 갖고 있었기 때문에 다른 체인 호텔보다 훨씬 빨리 이익을 낼 수 있었다. 그럼에도 20여 년이라는 오랜 계약 기간 동안 힐튼에 큰 비용을 지불함으로써 경영에 엄청난 부담이 됐던 것이 사실이다. 때때로 힐튼이 파견한 총지배인을 비롯한 임원들과 마찰을 겪기도 했다. 우리와 잘 지낸 임원도 있었다. 하지만 경영에 도움이 안 되는 분들에게는 과감하게 리더십을 발휘했다. 아예 공항에서 입국 금지시킨 임원도 있었다. 한국인 요리사를 승진시킬 때도 눈치를 봐야 했던 시절인데 어디서 그런 과감함이 나왔는지 모르겠다. 사심을 갖지 않고 오로지 호텔을 위해 결정하다 보니 그런 결단도 가능하지 않았을까 생각한다.

취미에서 발견한 사업 비전

나는 한때 골프에 빠져 살았던 적이 있다. 4년 동안 골프에 미쳐 있었다. 지금은 내가 왜 그렇게 골프를 좋아했는지 이해가 되지 않는다. 1980년도 초였던 것 같다. 새벽 통행금지가 해제되면 골프장으로 달려가서 최소 27홀을 돌았다. 최소 27홀을 돌아야 한다고 해서 모임 이름도 '27회'였다. 정광모, 이인희, 이명희 씨들이 골프 친구들이었다. 삼성 이명희 씨 외에는 모두 세상을 떠났다. 왜 그렇게 골프에 미쳤을까? 남편은 일하느라 1년의 3분의 2는 해외에 나가 있었다. 40대 초반의 나는 골프를 치며 외로움을 달랬던 것 같다.

주로 한양 컨트리클럽에서 골프를 쳤는데 어떤 날은 54홀을 돈 적도 있다. 밤이 되어 깜깜해져서 떨어진 공을 손전등으로 찾아가며 쳤다. 어느 날 골프를 치고 밤 열한 시에 집에 돌아왔는데 어쩐 일인지 남편이 나보다 먼저 와 있었다. 남편이 문 앞에서 집에 들어오는 나를 발길로 차서 마당에 뒹굴었던 기억이 생생하다. 그다음에 골프장에 가서 공을 남편이라고 생각하고 실컷 쳐댔더니 그렇게 통쾌할 수가 없었다. 공도 더 잘 맞았다. 그때는 우리 둘 다 젊었고 자존심이 강했다.

한번은 어린이대공원에 골프장을 지으려고 했더니 육영수 여사께서 공원에 어린이를 위한 시설을 지어야지 골프장이 웬 말이냐고 반대해서 불광동으로 서울컨트리클럽을 이동한 일이 있었다. 어린이를 위하는 마음의 진정성을 읽을 수 있었다.

골프를 막 배울 때의 일도 기억이 난다. 지금은 고인이 된 삼성 이병철 회장님을 클럽하우스에서 만났다.

"골프는 나와 그린과 공 이렇게 셋이 싸우는 건데 무슨 말이 그리 많아요." 하고 한마디하셨다. 나는 일상의 스트레스를 골프로 풀다 보니 라운딩 도중에 말을 많이 하긴 했다. 그분 말씀처럼 골프는 자질과 연습 모두 필요하지만 인내도 필요하다. 운도 따라주어야 하고 코스 매니지먼트도 필요하다.

남편은 일하느라 바쁘기도 했지만 골프에 전혀 관심이 없었다. 남편이 골프를 배우기 시작한 것은 2000년도 초기에 해외를 유랑할 때였다. 시간도 많고 마음속에 울화가 쌓이니 운동이 필요해 보여 남편에게 골프를 권했다.

"여보, 공을 치면서 화를 푸세요. 섭섭한 사람이 있으면 공이 그 사람이라 생각하고 힘껏 치세요."

"어디 한번 해볼까?"

남편은 사업도 잃고 남은 것은 시간밖에 없을 때 골프를 배웠다. 우선 매트와 공과 골프채를 사서 실내 연습부터 시작했다. 그런데 아내에게

골프장 건설을 진두지휘하며. 골프장 건설을 반대한 남편을 설득하여 간신히 허락을 받았다.

배우려니 자존심이 많이 상했나 보다. 매트를 막 패대기치듯이 치다 보니
매트가 금방 찢어져서 1년에도 몇 개가 필요했다. 1년 반쯤 지나니까 어느
정도 공을 맞히기는 했다. 조금씩 실력이 향상되기는 했지만 그래도 내 실력과
차이가 크니 은근히 자존심이 상하는 눈치였다.

　나는 골프를 좋아했고 골프에서 스포츠 산업의 비전까지 보았다. 하지만
예상했던 대로 남편은 반대했다.

　"그까짓 골프장을 뭣하려 해. 하지 마."

　그러나 나는 남편의 반대에도 추진해나갔다. 남편이 쓴 책에서 남편의
골프장에 관한 생각을 엿볼 수 있다.

　'우연한 기회에 우리나라 골프장 총면적이 6,700만 평에 이르며 공업단지
면적인 5,000만 평보다 더 넓다는 사실을 알고 매우 놀랐다. 골프장을 하나

아도니스 호텔에서 내외빈들과 함께.

건설하려면 공장을 짓는 만큼의 돈이 들어간다. 지금의 우리 경제 수준과 국토 여건을 고려할 때 그것이 정상적인 것은 아니다.'[1]

그러나 내 생각은 달랐다. 우리나라가 소득이 증가하고 건강에 관심이 높아질수록 레저나 스포츠에 관심을 두게 될 것으로 생각했다. 그래서 포천에 땅 60만 평을 구입하고 본격적으로 골프장 건립을 시작했다. 아도니스 골프장은 경기도 포천군 신북면에 있는데 1999년 초에 개장했다. 설계는 힐튼호텔을 설계했던 김종성 건축가가 맡았다. 산이 많은 곳이라 자연 지형과 산림을 그대로 보전하려고 노력했다. 그러나 난관은 땅을 개간하면서부터 찾아왔다. 바위와 돌이 많은 땅이었다. 클럽하우스와 골프장이 너무 붙어 있어서 산을 깎을 수밖에 없었다. 공사를 막 시작한 어느 날 직원이 말했다.

1 『김우중 어록』(김우중 저, 북스코프, 2017) p.40

"산을 깎는데 와서 한번 보세요."

당시에 카메라 기자와 지역 인사 등 많은 인파가 참관하고 있었다. 대령 출신의 지인과 함께 갔다. 막 산을 깎기 시작했는데 갑자기 펑하고 폭약이 터지는 굉음이 나면서 엄청난 파편들이 튀어 올랐다. 화약이 큰 바위를 건드렸나 보다 하고 지인이 고함을 쳤다.

"어서 차 밑으로 피하세요!"

돌이 바로 옆 차에 떨어지는 아찔한 순간이었다. 돌이 튀어 문이 부서지고 창문이 깨졌다. 혼비백산한 사람들이 뛰어서 피신했다. 카메라들도 다 망가져 당시 사진이 하나도 남은 게 없을 정도였다. 사람이 안 다친 것이 다행일 정도로 대형 사고였다. 그때 엄청나게 큰 바위가 모습을 드러냈다. 저렇게 좋은 돌이 생겼는데 어떻게 할까? 궁리하다가 내가 나이아가라 같은 폭포를 만들자는 아이디어를 냈다. 물을 밑에 받아서 전기를 위로 올리고 다시 밑으로 떨어지게 했다. 바위 아래는 흙을 다 파내고 뒤에는 꽃을 심으면서 조경을 했다. 내 인생에 여러 가지 힘든 일이 많았지만 가장 힘든 것은 자연과의 싸움이라는 사실을 깨닫게 했던 사건이다.

내가 또 중요하게 생각한 것은 클럽하우스였다. 외국의 골프장 클럽하우스에 가면 음식의 수준이 동네 레스토랑보다 높고 맛있어서 식사만 하러 오는 사람도 있을 정도다. 또 사교의 장 역할을 하여 여러 모임이나 이벤트는 물론이고 결혼식까지 열린다. 나도 외국의 클럽하우스처럼 식당 음식을 정갈하고 맛있게 만들고 싶어 메뉴 하나하나에 정성을 기울였다. 그러면 당연히 음식이 맛있어지는 법. 지금은 어떤지 잘 모르겠다. 여러 가지 사정상 직영 체제에서 외부에 아웃소싱한 상태이기 때문이다. 외부에 맡겼어도 클럽하우스를 중시하는 아도니스의 전통은 사라지지 않았을 것이다. 나에게 배운 우리 직원들이 아직 근무하고 있으니 이제는 그들을 믿고 맡긴다. 지금 생각하면 직원들을 너무 야단친 것 같아 미안한 마음이 든다.

골프장 오픈을 앞두고 나의 지적은 계속 늘어만 갔다.

"여기, 잔디가 울퉁불퉁하고 일정하지 않아요." "꽃이 시들시들해요."
"김치 맛이 왜 이래요?" 보다 못해 앞치마를 두르고 직접 주방에 가거나
목장갑을 끼고 잔디 관리에 나서기도 했다. 새벽에 꽃 시장에 가서 꽃을 한
트럭을 사서 몰고 오기도 했다. 그럴 때마다 직원들이 기겁했다.

"회장님, 저희가 하겠습니다."

그러나 나는 나름대로 경영 철학이 있다. 회사가 잘 돌아가려면 경영자가
관심을 두고 현장을 뛰면서 직접 해야 한다는 것이 나의 소신이다. 그래야
직원들도 애사심을 갖게 되고 하나가 되어 업무에 뛰어든다. 경영자가
시키기만 하고 나 몰라라 하면 결과는 뻔하다. 아도니스는 잔디 하나, 꽃 하나,
나무 한 그루 정성을 다해 가꾸면서 개관 준비를 했다. 골프장을 개장하기
전에는 잔디의 길이까지 직접 관리했다. 이 모든 것이 골프를 좋아하고 여러
골프장에 자주 가봤기에 가능했던 일이다.

마침내 개관일이 다가왔다. 정희자가 하는 골프장이라는 소문이 나서
'어디 구경 한번 가보자.' 하면서 사람들이 많이 찾아왔다. 오랫동안 한결같이
지금도 찾아오는 고객들이 그저 고마울 따름이다. 아도니스에 이어 경산과
거제도에 골프장을 추가로 지었다. 당시에 대한민국에서 골프장을 세 개나
지어 운영하는 여성 경영인은 없었다. 지금도 그렇지 않나 생각한다. 골프를
좋아하고 즐겼기에 가능했던 일이다. 어린 시절 경주 들판을 뛰놀던 활달한
성격도 톡톡히 한몫을 했다.

꿈을 확장한 현대미술관

서울힐튼호텔을 지을 때 외국에서 얻은 차관이 4억 9,500만 달러였다. 개관 후 3년째인 1983년에 이익을 내며 조금씩 차관을 갚아나간 덕분에 1987년 10월 차관의 원리금 상환을 끝냈다. 호텔을 지으며 얻은 빚과 이자를 모두 갚은 것이다. 나는 서울힐튼호텔이 어느 정도 궤도에 오르자 새로운 도전을 시작했다.

나는 경주에서 유년기를 보냈다. 경주에서 태어나진 않았지만 초등학교부터 중학교와 고등학교까지 다녔기에 고향이나 마찬가지다. 그 누구보다도 경주를 사랑하고 경주의 매력을 잘 알고 있다고 자부한다. 고도 경주는 천년 신라의 역사와 문화를 간직하고 있어 아시아 3대 문화유산으로 손꼽힌다. 일찍이 박정희 대통령은 관광레저 산업에서 경주의 가능성을 보고 1970년대에 이미 경주에 보문관광단지를 조성했다. 경주 시내는 유적과 유물이 많아서 개발하기 어려워 외각의 보문저수지를 중심으로 관광단지를 조성했던 것이다. 나는 꾸준히 그 보문단지 땅을 매입해 1980년대 중반 2만 평의 대지를 확보했다. 그곳에 유럽 못지않은 멋진 호텔과 현대미술관을 짓고 싶었다.

경주에 가면 돌아볼 곳이 한정되어 있다. 불국사, 석굴암, 신라의 왕릉 등 경주의 유적들은 늘 그렇게 머물러 있는 것이기에 사실 좀 심심하다. 그런데 내가 1960년대부터 접해온 현대미술은 계속해서 변화하고 발전해나가고 있었다. 그렇다면 오래된 도시 경주에 세계 각국의 변화무쌍한 현대미술을 소개함으로써 새로운 활력을 불어넣자! 어느새 나는 옛것과 새것이 만나고 고대와 현대를 접목하는 미술관을 짓는 꿈을 꾸고 있었다. 남편 역시 내 마음을 읽고 경주의 호텔 대지에 미술관을 지으라고 동의했다.

꿈에 한 발짝 다가서는 듯했다. 정말 멋지고 좋은 호텔을 지어

1991년 5월 경주힐튼호텔 오픈식에서. 귀빈들에게 인사의 말을 전하고 있다.

외국 체인이 아닌 독자 브랜드의 호텔을 만들고 싶었다. 경주힐튼호텔은
서울힐튼호텔을 설계했던 서울건축의 김종성 교수가 설계를 맡았다.
우리는 2만 평의 대지를 어떤 방식으로 분할하여 편리하면서도 아름다운
호텔을 지을지 고민하며 매주 3회씩 회의를 했다. 그 무렵 우연히 가와바타
야스나리의 『설국』을 읽었다. 첫 대목 '어두운 터널을 지나자마자 하얀 세상이
나타났다.'라는 구절이 마음에 여운을 남겼다. 호텔 콘셉트 회의를 하는데
바로 그 『설국』 이미지가 떠올랐다.

　　'청단풍 터널을 지나면 나타나는 아늑한 내 집과 같은 호텔'을 그리며
1988년 가을에 호텔과 미술관 건설의 첫 삽을 떴다. 기공식 후 나는 서울과
경주를 오갔다. 월요일에 경주 현장에 내려가 공사와 인테리어를 체크하며
금요일까지 일했다. 금요일 오후에는 서울로 가야 했다. 남편이 서울에

들어오면 거의 국가 귀빈이 함께하기 때문에 손님 접대를 해야 했다. 하지만 그때는 무리였다. 서울과 경주를 오가는 일정이다 보니 도저히 다 할 수가 없었다. 자체 브랜드의 꿈도 내 건강상 엄두가 나지 않았다. 당시 일본 세이브그룹의 프린스호텔과 캐나다 건축가 등이 호텔 위탁경영을 제안해 왔다. 그러나 나는 힐튼으로 결정했다. 힐튼과 담판을 하여 위탁 수수료도 서울 힐튼보다도 낮게 15퍼센트로 조정하여 경주힐튼호텔이 탄생하게 되었다.

그러던 1989년 어느 날이었다. 남편이 옥포조선소에 갔다가 경주에 잠깐 들러 현장을 둘러본 것이다. 그때 미술관 터파기 공사를 보고 물었다.

"저기 땅 파놓은 건 뭐야?"

"정 회장님이 미술관을 지으라고 해서 해놓은 겁니다."

"호텔이 급한데 누가 미술관을 지으라고 했어?"

남편은 공사를 맡은 대우건설의 오원근 현장소장에게 역정을 냈다.

"호텔 짓는 데만도 560억 원이 넘게 들어가는데 지금 저 미술관까지 지으면 더 들 거 아니야? 그만둬. 호텔이나 다 된 다음에 짓도록 해!"

당시 남편은 옥포조선소 때문에 힘들어했다. 당시 대우조선은 1987년 초대형 노사 분규가 터진 이래 세계적인 조선업 불황까지 겹쳐 경영 여건이 여간 어려워진 것이 아니었다. 1989년 11월에는 조선소 정상화를 위해 개인 소유의 주식을 매각할 만큼 안간힘을 쓰고 있었다. 남편이 갑자기 호텔의 규모를 줄여 고급 콘도 정도로만 지으라고 요구했다. 그때는 모든 것을 내 마음대로 결정할 수 없었다. 하지만 나는 건축과를 나와서 시공에 대해서는 조금 알았다. 한 번 공사를 시작한 땅을 덮었다가 다시 파서 짓는다는 것은 불가능했다. 게다가 한 울타리에서 두 가지 공사가 함께 진행되면 인력과 장비며 자재가 같이 조달되어 비용을 절감할 수 있는 법이다. 그런 얘기를 남편에게 직접 하게 되면 목소리가 커지니 대신 아들 선재에게 하소연했다.

"네 아버지가 이럴 수 있니? 처음에는 미술관을 지으라고 하더니……"

"엄마도 고집이 있잖아요. 단단히 각오하고 밀어붙이세요."

선재가 용기를 주었다.

그러던 중 경주에 내려갔더니 현장소장은 걱정이 태산이었다.

"어떻게 할까요?"

나의 결정이 남았다.

"우리끼리라도 지읍시다."

소장은 얼굴이 하얘졌다.

"오 소장이 이걸 지으면 대우건설에서 해고될 겁니다. 그런데 만약 지으면 당신이 어디를 가더라도 평생 먹고사는 걸 보장해주겠습니다. 둘 중에 택하세요."

그랬더니 한참 후 현장소장이 말했다.

"사실은 여러 가지를 따지면 공사는 계속해야 합니다."

"그래요. 그럼 지읍시다."

중단되었던 미술관 공사는 이렇게 다시 시작되었다. 그때부터 나는 남편의 출장 스케줄에 신경써야 했다. 되도록 남편이 경주에 올 일이 없게끔 했다. 비서들에게는 공사가 다 끝난 다음에 보여주고 싶다고 하고 회장님이 거제도에 오고 갈 일이 있을 때 비행기로 움직이도록 조처했다. 내가 그렇게 하지 않아도 남편에겐 자동차, 중공업, 해외 건설 등 워낙 큰 프로젝트가 많았다. 경주의 조그마한 일에는 관심을 쓸 여력이 없었다. 그래도 나는 남편과 가까이 있으면 경주 호텔이 화제에 오를까 봐 조심했다. 집에서나 사무실에서 남편이 일하는 데 아예 얼씬거리지를 않았다.

그런 노력 덕분에 남편은 호텔과 미술관의 건설이 다 끝나도록 경주에 오지 않았다. 개관 날이 되어서야 비로소 완성된 모습을 볼 수 있게 되었다. 그날 남편은 아들 선재의 이름이 붙은 미술관을 보고 몹시 울었다.

경주선재미술관 존 헨리의 <태양의 춤> 앞에서.

1991년 부산국제영화제에서 공로상을 받았다. 제1회 영화제부터 기금 후원, 선재상 시상 등 영화제 발전에 기여한 공로로 공로상을 받았다.

영화와 예술을 향한 태생적 사랑

영화와 나의 인연은 꽤 깊다. 원래 영화를 좋아했던 나는 1990년대 초
영화심의위원회 위원으로 활동하면서 영화계 인사들도 만나고 영화에 대한
안목을 키워나갔다. 당시 심의위원회 위원은 열 명 정도 되었는데 한 번 회의가
시작되면 대여섯 시간은 보통이었다. 오랜 시간 딱딱한 의자에 앉아 있으려니
불편했고 다들 힘들어했다. 보다 못한 내가 의자를 새것으로 기증했다. 다들
고마워했던 기억이 난다. 호텔 일로 바쁜 일정이었지만 가능하면 회의에
빠지지 않고 참석하려고 애썼다. 참석할 때는 호텔에서 먹을 것을 준비해
가곤 했다. 끼니때 남들을 대접하는 것이 습관이었기 때문이다. 어려서부터
할머니와 어머니가 하시던 '음식 대접'을 보고 자란 덕분이다.

영화심의위원회를 계기로 나의 예술 사랑은 자연스럽게 영화계로
확장되었다. 그 기폭제가 된 것은 부산국제영화제였다. 김동호 전
부산국제영화제 위원장과의 인연으로 우연히 영화제를 후원하게 된 것이다.
김 위원장과는 영화심의위원으로 같이 일하면서 알게 되었다. 1990년대
중반이었던 것 같다. 어느 날 김 위원장이 "우리나라에도 국제영화제를
하나 만들고 싶은데 여의치가 않네요." 하고 꿈을 내비쳤다. 그는 영화제를
만들어서 한국 영화산업을 발전시키고 싶어했다. 그런 면에서 그는
선각자였다. 지금은 아시아권의 국제영화제로 자리잡았지만 초기에는
경제적인 지원도 미미했고 영화제를 만든다는 것이 허황된 이야기로 들렸다.
무엇이든지 처음 시작하기가 어렵다. 나도 그의 꿈에 보탬이 되고자 당시
3억 원을 지원했다. 조금 시간이 흐르니 여기저기서 뜻을 같이하는 분들이
후원했고 부산시도 지원해서 1996년 부산국제영화제가 탄생하게 되었다.

더욱 뜻깊은 것은 영화제 첫해부터 '선재상'을 제정해 지금까지 매년
시상하고 있는 점이다. 선재상은 와이드 앵글 경쟁 부문에 초청된 한국과

1992년 7월 경주선재미술관을 방문한 백남준 선생이 방명록에 글을 남기고 있다.

아시아 단편 중 최우수 작품을 선정해 그 감독에게 차기작을 제작할 수
있도록 각 1,000만 원의 상금을 준다. 지금이나 그때나 "선재상이 무슨
뜻이에요?"라고 물어보는 사람들이 많아서 지금은 아예 선재상의 취지를
프린트해 나누어주고 있다.

　　이러한 공로를 인정받아서 2011년 해운대 영화의전당에서 영화제
조직위원장인 허남식 부산시장에게 공로패를 받았다. 1996년 제1회
부산국제영화제에 3억 원을 협찬하는 등 지금까지 모두 16억 원의 현금을
지원하여 영화제가 자리 잡는 데 큰 역할을 했다는 것이다.

　　김동호 위원장은 "정희자 관장은 첫해 부산국제영화제가 성공하리라고
아무도 생각하지 못했을 때 대우 회장단의 강력한 반대에도 불구하고 거금
3억 원을 지원했다."라며 "부산국제영화제가 오늘날 아시아의 최고 영화제로

아트선재센터 개관식에서.

발전하게 만든 창업 공신은 바로 정희자 회장이다."라고 『부산일보』와의
인터뷰에서 말했다.

　나는 홍익대 미술대학원에서 석사학위를 받았고 나중에 하버드에서
동양미술사를 공부했다. 하지만 학문적인 뒷받침보다도 나의 미술에 대한
소양은 애정과 경험에서 시작되었다. 외국에 나갈 기회만 있으면 딸 선정이와
함께 세계적인 미술관을 다니며 견문을 넓혔고 그림을 배웠다. 미술에 대한
애정은 미술 감상에서 시작해서 미술관 설립으로까지 확장되었다. 나는
1980년대 중반부터 미술관 건립을 염두에 두고 작품을 수집하기 시작했다.
그리고 마침내 1991년 경주에 선재미술관을 설립하기에 이른 것이다.
경주선재미술관은 나의 정성과 애정을 쏟아부은 곳이다. 2003년에는 경주에
이어 서울 종로에 선재아트센터를 세우기도 했다.

일제하 한국시 100인전 개막식에서.

　　"제 육신의 한쪽인 사랑하는 아들 선재의 죽음을 떠올릴 때마다
젊은이들이 생각났어요. 아들을 먼저 보낸 어미의 심정으로 선재미술관을
통해 국내외 젊은 작가들을 육성하고 싶었지요."

　　당시 언론 인터뷰에서 내가 한 얘기다. 나는 미술관을 운영하며
유명한 사람보다 유명해질 젊고 유능한 신진 작가를 키우는 일에 힘썼다.
경주선재미술관 개관 이래 지금까지 개최된 전시회는 「한국현대미술초대」
「워홀과 바스키아의 세계」 「국제섬유예술제」 「신비의 나이브 미술」 「외르크
임멘도르프」 「칼더의 축제」 「페르난도 보테로」 등 헤아릴 수 없이 많다. 초대
관장은 이세득 화백이 맡아주었다. 그분이 좋은 프로그램을 많이 기획했다.
서울 종로구 소격동의 아트선재센터도 대중이 현대미술과 가까워지는 공간의
역할을 강조했고 신진 작가를 위한 장소로 자리매김하기를 원했다. 지금은

월드 스타로 우뚝 섰으며 루이비통과 콜라보레이션을 펼치고 있는 일본 작가 쿠사마 야요이의 전시도 2003년 개최한 바 있다. 또한 국제무대에서 통할 수 있는 우리 작가를 키우는 일에도 앞장섰다. 한동안 딸 선정이가 관장을 맡았다가 지금은 젊은 관장이 운영하고 있다.

미술관 건립과 운영 외에도 호텔을 문화의 전시 플랫폼으로 활용했다. 국내에서는 처음으로 호텔 내부를 미술품으로 장식하기 시작했다. 서울과 경주에 힐튼호텔을 지으면서 로비와 식당 등에 국내외 유명 작가들의 회화와 조각을 설치했다. 서울힐튼호텔을 개관할 때는 헨리 무어의 「여인상」을 구입해 센세이션을 일으켰다. 지금은 선구자적인 안목이라고 모두 인정하지만 당시에는 비판이 만만치 않았다. 호텔에 웬 미술품이냐며 품위를 떨어뜨린다는 것이다. 그러나 수십 년이 지난 지금은 우리나라도 고급 호텔의 로비나 식당에 미술품을 전시하는 것이 자연스러운 일로 정착됐다.

호텔을 장식할 미술품뿐 아니라 호텔 내외부 인테리어와 객실에 비치하는 작은 파우치 하나까지 예술적으로 하려고 힘을 쏟았다. 나의 예술에 대한 안목과 사랑을 전부 다 바쳐서 힐튼호텔 23층에 펜트하우스를 만들었다. 그렇다고 유명하고 비싼 작품만 찾은 것은 아니었다. 무명의 재능 있는 신진 작가를 발굴하기 위해 발품을 많이 팔고 밥도 많이 샀다. 아들 선용이는 그 당시 어렸지만 나랑 같이 화실에 가서 젊은 화가들 하고 밥을 먹은 옛날 일들이 기억이 난다고 했다. 또 베트남 등 세계 여러 나라에 호텔을 오픈할 때도 되도록 그 나라 화가의 작품을 구입해 그 나라 예술계 발전에 조금이나마 이바지할 수 있도록 배려했다.

나의 30년 문화예술계의 후원은 2012년 몽블랑 예술후원자상 수상으로 정점을 찍었다고 해도 과언이 아니다. 몽블랑 상은 명품 브랜드인 독일의 '몽블랑' 문화재단이 문화예술 발전에 공헌한 사람이나 단체를 기리기 위해 1992년에 제정한 세계적인 문화예술인 상이다. 2004년 한국인으로는 처음으로

박성용 고 금호아시아나그룹 명예회장이 몽블랑 예술후원자상을 받으면서
매년 한국인 수상자가 배출되고 있다. 역대 몽블랑 예술후원자상 수상자로는
영국의 찰스 왕세자를 비롯해 미국의 록펠러재단 등이 있다. 한국 수상자로는
김동호 전 부산국제영화제 조직위원장, 유상덕 송은문화재단 이사장, 이호재
가나아트·서울옥션 회장 등이 있다. 여성으로서는 내가 한국의 첫 수상자다.

수상자로 선정되었다는 소식을 들었을 때 남편은 눈물을 글썽였다.
남편은 나이가 들면서 부쩍 눈물이 많아졌다. "참, 그동안 잘했어. 수고
많았어."라며 칭찬을 아끼지 않았다. 칭찬하는 것은 그의 젊었을 적 습관은
아니다. 나이가 들며 산전수전 다 겪으면서 생긴 새로운 습관이었다. 평생
나의 활동에 대해 언급하지도 않았고 무관심했는데 나이가 드니 이제야
칭찬한다. 몽블랑상 수상을 계기로 외국의 명품 브랜드가 예술을 활용해서
어떻게 비즈니스를 영위하는지도 배울 수 있었다. 몽블랑상 상금으로 받은
1만 5,000유로(2,000만 원)는 부산국제영화제에 전액 기부했다. 고마운 점은
가족들이 전액 기부에 동의해준 점이다.

국경을 넘어선 첫 사업

처음 중국 옌볜에 간 것은 1985년이었다. 서울에서 비행기로 일본과 홍콩을
거쳐 베이징에 도착했다. 베이징에서 옌볜까지는 닭이 날아다니고 돼지들이
꿀꿀거리는 기차를 30시간이 넘게 타고 가야 하는 힘든 노정이었다. 옌볜은
당시 유일한 조선족 자치 구역으로 한국인의 문화와 미풍양속을 지키는
우수한 민족이라는 자긍심이 대단했다. 중심가에서 자동차로 한 시간만 가면
북한과 중국의 국경이 있었다. 도문이라는 다리 하나를 사이에 두고 북한 땅을

2012년 몽블랑 시상식에서. 몽블랑 상은 독일의 명품 브랜드 몽블랑의 문화재단이 문화예술 발전에 공헌한 사람과 단체를 기리기 위해 1992년에 제정한 세계적인 문화예술인 상이다. 한국에서는 첫 여성 수상자이다.

1996년 옌벤대우호텔 오픈식에서. 싱가포르 회사가 투자와 건설을 하다가 포기한 건물을 대우가 인수했다. 호텔 개관이
다가오자 서울과 경주힐튼호텔에서 매니저들을 뽑아 옌벤 직원들을 교육했다.

바라보던 일이 기억난다.

　몇 년 후 남편에게서 옌볜에 짓다 만 호텔이 있다는 이야기를 들었다. 싱가포르 회사가 투자와 건설을 하다 포기한 건물을 대우가 인수했다는 것이다. 조선족이 많이 사는 옌볜에 고급 호텔을 건설하자며 나에게 한번 가보라고 했다. 중국이 개방되고 얼마 안 되었던 때다. 다시 찾은 옌지는 엄청나게 변해 있었다. 1992년에 한국과 중국이 수교를 맺은 데다가 1994년에 항공협정이 체결되면서 우리나라 사람들이 쉽게 중국을 드나들게 되었다. 옌볜에는 우리 민족의 영지인 백두산과 천지와 장백폭포가 있고 70여 명의 항일 열사가 거쳐 간 용정중학교가 있다. 그리고 다리 하나를 사이에 두고 북한 땅을 바라볼 수 있는 도문이 있어 북한에 가족을 두고 온 실향민들뿐만 아니라 관광객들과 사업가들의 발길이 끊이지 않았다.

　조용했던 도시 옌지는 몸살을 앓고 있었다. 그 조그만 지역에 가라오케가 340개나 되었다. 먹고 마시며 노는 서울의 향락 문화가 그대로 들어가 있었다. 게다가 시내에는 짓다가 중단한 건물들이 많이 보였다. 모두 한국 사람들이 도와주겠다고 큰소리치고는 꽁무니를 뺀 것들이었다. 대우가 인수했다는 호텔을 가보았다. 공사 현장을 둘러보니 마음이 더 안 좋았다. '나 같으면 이렇게 안 짓는데.' 하는 생각이 저절로 들었다.

　사실 우리나라와 특별한 관계가 있고 꾸준히 사람들이 찾을 명소이긴 하지만 중국의 변방인 옌볜에 하룻밤에 최고 600달러가 넘는 5성급 호텔을 짓는다는 것은 말이 안 되는 일이었다. 중요한 관광 포인트인 백두산 관광도 눈이 녹는 6월부터 첫눈 내리는 9월까지 넉 달 동안만 운영할 수 있다. 한마디로 사업성이 불투명한 프로젝트였다. 이런 상태로 호텔을 개관한다면 적자가 계속되어 10년 후 자산을 모두 잃어버릴 것 같았다. 옌볜을 둘러본 후 소감을 남편에게 말했다. 하지만 오히려 남편이 나를 설득하려 했다. 남북관계가 좋아져 백두산 관광이 확대될 것을 염두에 두자는 것이었다.

옌벤대우호텔 전경. 옌벤에 고급 호텔을 지음으로써 조선족에게 좋은 일터를 제공하고 한국인으로서 자부심을 세운다는 점이
보람 있었다.

하지만 내가 보기에 그것은 너무나 불확실한 미래였다. 나는 남편에게 꼭
우리가 해야 하는 일인지를 물었다. 대답은 뻔했다. 이미 약속을 해놓았기에
어쩔 수 없다는 것이다.

"이번에도 내가 당신 뒷수습을 하게 생겼네요."

비록 사업성은 떨어질지 몰라도 옌벤에 고급 호텔을 지음으로써
조선족에게 좋은 일터를 제공하고 한국인으로서 자부심을 세운다는 점은
나 역시 좋았다. 다만 내가 호텔의 기획부터 관여했더라면 옌벤 지역 특성을
고려해 더 좋은 호텔을 지었을 텐데 하는 아쉬움이 컸다. 예컨대 벽돌을
쌓는 조적 공사가 엉망이라 벽이 울퉁불퉁할 정도였다. 그 밖에도 공사를
진행하면서도 이미 해놓은 작업을 뜯어고쳐야 하는 등 힘든 점들이 많았다.

호텔 개관이 다가오자 서울과 경주힐튼호텔에서 매니저들을 뽑아 옌볜 직원들을 교육했다. 사회주의식 직장 생활에 익숙한 사람들에게 서비스 마인드를 심어주는 것부터가 힘들었다. 하지만 직원들에게서 최고의 호텔에서 일한다는 자부심이 엿보였다.

배워야 할 것은 그들만의 일이 아니었다. 당시 중국은 사회주의 정치체제에 자본주의 경제를 접목하는 실험을 하고 있었다. 경제의 규칙은 물론 현지의 규칙 모두 우리와 달랐다. 그러다 보니 파견 나간 우리 직원들 역시 모든 것을 다시 배워야 했다. 중국 공안이 24시간 호텔에 상주하면서 치안을 유지해주었으므로 호텔 측도 중국 공안에게 별실을 마련해주었다.

드디어 1996년 8월 28일 옌볜대우호텔이 개관했다. 우리 동포들이 많이 사는 지린성, 헤이룽장성, 랴오닝성의 동북 3성의 유일한 5성급 최고 호텔에 대한 기대가 높았다. 다녀간 사람들이 호텔 화장실에 살림을 차려도 될 만큼 시설이 훌륭하다는 평을 했다. 게다가 호텔 내 북한 식당인 '금강산'의 평양냉면이 유명해 많은 사람들이 찾았다. 호텔 자체가 지역의 관광 상품이 된 것이다. 그러다 보니 옌볜대우호텔은 이 지역 최고의 사교장 역할을 했다. 중국 정부 고관들은 물론 북한의 장관급 인사들도 슬쩍 들르는 명소가 되었다. 당시 옌볜에서는 북한의 영향력이 상당했다. 중국에서의 비즈니스는 웃고 왔다가 울고 가는 곳이라는 말이 있을 정도로 힘들다. 우리는 호텔을 운영하며 생기는 이런저런 애로사항들을 중국 측과 처리하는 데 북한의 영향력을 활용하기도 했다.

옌볜대우호텔을 개관한 후에 백두산의 유황천 근처에 장백산장을 새로 지었다. 이 건물은 미국의 산장 설계 전문가에게 의뢰했다. 피부병과 신경통 등에 효과가 있다는 유황천에 좀 더 가까이 접근함으로써 호텔의 또 다른 관광 상품을 만들려 한 것이다. 그 외에도 겨울철 비수기에 활용하기 위해 백두산에 스키장을 만드는 사업이 검토되었는데 대우 사태가 터져 더 이상 진척되지는 못했다.

호숫가에 세운 예술과 문화의 공간

1995년에 공산국가인 베트남의 당 서기장이었던 도 므어이가 우리나라를
방문했다. 도 므어이 서기장은 베트남에서 전설적인 인물이었다. 프랑스
식민시대에 태어난 그의 본명은 '응우옌 주이 꽁'이며 페인트공으로 일하며
생계를 이어가다 열아홉 살 때 공산당 조직인 인민전선에 가입했다. 3년
뒤에는 인도차이나 공산당에 합류해 반反 프랑스 독립 투쟁에 본격 가담했다.
그는 스물네 살이던 1941년 프랑스 식민 정부에 체포돼 10년형을 선고받고
악명 높은 수용소 '호아로 감옥'에 갇혔지만 4년 뒤 탈옥했다. 이 사건으로
본명 대신 '열 번 탈출한다'는 뜻의 애칭 '도 므어이'로 불리게 됐다. 그는
나중에 베트남의 상공부 장관을 역임하는 등 베트남의 산업화를 이끌었다.

내가 도 므어이를 처음 만났을 당시 70세가 훌쩍 넘은 할아버지였다.
당시 그는 김영삼 대통령의 초청으로 방한했는데 비공식 일정으로 우리 산업
현장을 시찰하면서 힐튼호텔에도 들르게 되었다.

"우리 베트남에도 이렇게 좋은 호텔을 지어주면 좋겠습니다."

일흔이 넘은 베트남 최고 권력자가 내게 간곡히 부탁했다.

"그렇게 말씀하시니, 제가 1년 동안 하노이에서 살면서 열심히
짓겠습니다."

남편이 베트남에 처음 간 것은 1960년대 초 한성실업에 근무할 때였다고
한다. 호주 출장을 가는 길에 당시 남베트남의 수도였던 사이공(지금의
호찌민)에 잠깐 들렀다. 사이공은 동남아의 파리로 불릴 만큼 대단히 멋진
곳이었다. 그때 남편은 언젠가 베트남에 투자해야겠다고 생각했다. 베트남은
교육열도 높고 자원도 많고 장래가 밝은 나라라고 생각했기 때문이다. 30년
후 우리나라와 베트남의 국교가 수립되기 전에 앞서 남편은 동남아 진출의
기지로 삼고자 대우의 계열사를 하노이에 진출시켰다. 외국 기업들이 이미

하노이대우호텔 오픈식에서. 도 므어이 당서기장에게 호텔 브리핑을 하였다. 건강이 나빠지면서까지 이렇게 훌륭한 호텔을 지어주어서 고마워했다.

많이 진출해 있는 베트남 최대 도시인 호찌민보다는 수도 하노이가 더 잠재력이 크다고 판단했다. 1991년에 하노이 지사를 개설하며 본격적으로 베트남을 개척하려고 했다. 운이 좋게도 대우가 산업화를 추진하던 베트남 정부의 파트너가 되었던 것이다. 그때 가장 필요했던 것은 바로 호텔과 비즈니스 센터였다. 초창기 베트남에 진출했던 대우건설 직원에 의하면 우리나라 여관보다 못한 찬물만 나오는 호텔이 하룻밤에 200달러였다고 한다. 외국인 투자자들이 머물 공간이 얼마나 마땅찮았는지 알 수 있다.

하노이로 몰려드는 사업가와 관광객들이 편히 머물 수 있는 특급 호텔과 해외에서 온 주재원들이 일할 사무실과 아파트가 필요했다. 하노이호텔의 건립은 남편의 세계 경영 사업이 원활히 이루어지기 위하여 꼭 필요한

하노이대우호텔 건설 현장을 돌아보고 있다. 하노이대우호텔은 호수를 메운 부지에 건설하였다.

일이었다. 나는 대우의 호텔 부문 경영자이기도 했지만, 베트남 도 므어이 서기장에게 간곡한 부탁을 받은데다 남편의 사업이 잘되도록 돕고 싶은 아내의 마음까지 더해져서 하노이호텔을 짓는 데 혼신의 힘을 쏟았다.

하노이는 곳곳에 호수가 많고 지반이 약하다. 대부분의 전통 가옥이 단층이고 높아야 3층 정도다. 몇 되지 않는 호텔이나 오피스 건물도 대부분 5~8층 정도다. 그런데 대우가 지은 대우비즈니스센터는 18층에 411개의 객실을 갖춘 호텔, 지상 15층의 오피스 건물, 그리고 193세대 아파트로 구성되어 있다. 우리는 툴레호수를 메워 그 위에 대단위 단지를 세우기로 했다. 하노이 시내의 중심가에서 약간 벗어난 호수에 호텔을 세운 데는 이유가 있다. 사회주의 국가는 모든 토지에 대한 소유권을 갖고 있다. 하지만 국가라고 해도 개인이 사용권을 포기하지 않으면 강제로 이용하기가 어렵다. 개인과 토지 보상이 원만히 이루어지지 않으면 토지 확보가 어려울 수 있다. 그래서 그런 문제가 아예 발생하지 않을 대안을 찾다 보니 호수를 부지로 선택한 것이다.

그런데 옌볜대우호텔도 비슷한 시기에 함께 진행해나가야 했다. 국내에도 여러 사업들이 진행되고 있었다. 대구와 부산에 새로운 호텔을 개관할 계획으로 회사에 팀을 꾸려 부지 선정과 설계 작업을 하고 있었다. 삼성동 포스코 빌딩에 식당도 개업했다. 호텔업을 하며 식음료 부분에서 쌓은 노하우를 바탕으로 외식업에도 도전한 것이었다. 게다가 골프장 사업도 진행하고 있었다. 몸은 하나인데 해야 할 일이 여러 개다 보니 24시간이 부족했다. 나는 베트남 국가원수인 도 므어이 서기장과 한 약속에 충실하기 위해 하노이에 주로 머무르면서 잠시 짬을 내 옌볜 일을 처리하기로 했다. 옌볜과 하노이를 오가느라 국내에는 거의 들어오지 못했다. 1995년 한 해는 남편보다 내가 해외 출장이 더 많았다.

예전에 나는 남편이 한국에 있을 때면 빨리 집에 들어가 기다리며 식사를 꼭 챙겼다. 내가 외국에 있다가도 남편이 서울에 온다고 하면 나도 따라 귀국해서 남편을 챙겼다. 그런데 하노이와 옌벤대우호텔을 지을 때는 출장에 다녀온 남편을 챙기지 못한 일이 여러 번 있었다. 내가 서울로 들어오면 남편은 다시 외국으로 가게 되어 서로 길이 엇갈린 적도 있었다. 아예 못 만날 것 같으면 전화로 미안하다고 하고는 아예 한국에 들어가지 않기도 했다. 그러다 보니 남편에게 미안했다. 일에만 빠져 이렇게 살아도 되나 하는 생각이 들 때도 있었다.

하노이대우호텔의 콘셉트는 하와이의 그랜드와일레아 리조트호텔에서 영감을 얻은 것이다. 일본계 미국인인 세기쿠치 회장이 세운 이 리조트호텔은 아홉 종류의 수영장이 있고 조경이 대단히 아름다웠다. 복도와 로비를 비롯해서 리조트 곳곳에 페르난도 보테로, 페르낭 레제, 파블로 피카소, 앤디 워홀 같은 작가들의 미술품이 전시되어 있다. 우리는 이 호텔의 조경을 맡았던 일본인 조경설계사 모토타를 고용했다. 수영장은 80미터 길이에 오키드 타일로 장식했다. 수영장 주변에는 쿠바대왕야자를 심었다. 쿠바대왕야자는 1994년 카스트로를 만나러 쿠바에 갔을 때 처음 보고 매료된 나무이다. 베트남 현지에서 다시 보게 되어 무척 반가웠다.

호텔의 식당은 일식당, 중식당, 이탈리아 식당, 커피숍이 있는데 일식당은 설계상에는 없었다. 원래는 창고 자리였는데 그곳에 공간을 만들어 일식당을 열었다. 식사에 사용하는 식기류는 프랑스의 로열패밀리 풍으로 하고 싶어 처음에는 프랑스에서 수입하려고 했다. 그러다가 프랑스의 영향을 받은 베트남 밧짱 도자기를 발견하고 직접 컬렉션하여 사용했다. 베트남 현지 물품을 활용한 것은 그릇뿐만이 아니었다. 베트남은 당시 자개를 활용한 그림이 발달했다. 젊고 유능한 신진 작가들을 발굴하여 그림을 호텔에 걸었다. 또 그들에게 호텔에 걸 대작을 그릴 기회를 주었다.

호텔 개관일이 다가오자 내 목소리가 다시 커졌다. 사실 직원들에게 나는 무척 무서운 상사였다. 옌벤과 하노이에 동시에 호텔을 개관하다 보니 경력직

하노이대우호텔 전경. 호숫가에 위치한 호텔의 콘셉트는 하와이의 그랜드와일레아 리조트호텔에서 영감을 받았다.

직원들도 부족했다. 회사의 분위기도 활성화해야 했고 부족한 인력도 채워야 했다. 그래서 서울힐튼호텔 직원을 하노이로 파견했는데 사무만 보던 사람들이 객실이나 음료에 대해 알 리가 없었다. 경력직도 그렇고 베트남의 신입직원도 모두 호텔에 대해 모르니까 하도 답답해서 가슴을 쳤다. 직원들에게 어찌나 고함을 질렀던지 나중에는 목소리가 나오지 않았다.

병원에 가보니 목 안에 뭐가 생겼다고 수술을 해야 한다고 했다. 그런데 수술을 받으면 한 달 동안 목소리가 안 나온다고 했다. 한시가 급한데 말을 못 하면 안 되니까 수술은 못 하고 일단 침으로 응급조치를 취했다. 다행히 약간의 효험을 봤다. 하지만 얼마나 야단을 쳤는지 직원들이 비쩍 마르는가 하면 병이 드는 사람도 나오고 더러는 호텔을 그만두는 등 그야말로 난리가 났다. 병이 난 것은 직원들만이 아니었다. 옌볜과 하노이를 오가는 강행군

하노이대우호텔 오프닝 행사에서. 대한항공 비행기를 전세 내어 한국의 VIP 250명을 하노이로 초대했다.

94

속에서 나 역시 큰 병이 났다. 그렇지 않아도 디스크 증상이 있었는데 너무 과로한 나머지 허리가 망가진 것이다. 결국 서울로 후송되어 허리 수술을 받는 상황까지 왔다. 척추에 16개의 티타늄을 끼워 넣는 큰 수술이었다. 개관을 앞두고 덜컥 병원에 누워 있으니 참 많은 생각이 들었다.

'나한테 병원을 지으라고 하면 못 할 거야. 병원은 어떻게 지어야 하는지 무엇이 얼마나 필요한지 모르지 않는가. 그런데도 호텔을 잘 알지 못하는 직원들을 붙들고 이것도 모르느냐고 야단치고 기를 팍팍 죽여놨구나.'

퇴원하고 나서 직원들을 만나 어깨를 두드리며 사과를 했다.

"미안하다. 내가 이제야 알겠구나. 내가 세상 무서운 줄 모르고 야단쳤네. 모르는 게 당연한데 좀 더 차근차근 가르쳐 줄 것을……"

나는 휠체어에 앉아 개관 준비를 이어갔다. 개관일이 다가올수록 모든 직원들이 발 빠르게 움직이며 일사불란하게 준비해나갔다.

큰일 뒤에 파고드는 절대 고독감

하노이대우호텔의 대대적인 개관 날이 되었다. 대한항공 비행기를 전세 내 한국의 VIP 250명을 하노이로 초대했다. 행사는 독일의 최첨단 레이저빔 쇼로 환상적인 분위기를 연출했다. 도 므어이 서기장이 호텔을 둘러보러 왔다. 허리가 아파 잘 걷지 못하는 나를 부축해 호텔을 구석구석 돌아보고 가시면서 내 손을 잡고 말씀하셨다.

"건강이 나빠지면서까지 이렇게 훌륭한 호텔을 지어주어서 정말 고맙습니다. 우리나라의 후세대 젊은이들이 영원히 당신의 이름을 기억할 겁니다."

도 므어이 서기장의 진심 어린 한마디에 나도 모르게 눈물을 흘렸다. 내가 마음을 열어야 상대방도 마음을 여는 법이다. 내가 진심으로 좋은 호텔을 짓기 위해 노력했더니 그도 마음의 문을 연 것이다. 호텔은 설계부터 공사와 개관에 이르기까지 세세하게 나의 손길이 닿지 않은 곳이 없었다. 그날 초청받은 분들 모두가 호텔의 하나하나에 감탄했다. 열심히 만든 호텔을 사람들에게 보여주고 그들이 놀라워하는 모습을 볼 때 그렇게 기분이 좋고 보람될 수 없었다. 남편 역시 무척 뿌듯해했다. 그때 여럿이 함께 차를 마시며 얘기할 기회가 있었다. 그때 한 분이 남편에게 이렇게 말했다.

"정 회장도 이제 오십이 넘었습니다. 이제부터는 김 회장이 잘해줘야 합니다. 안 그러면 정 회장이 힘듭니다."

"누구는 안 그런가요. 나도 어떨 때는 같이 밥 먹어줄 사람 하나 없는데. 다 팔자소관으로 여겨야지요."

그 얘기 때문이었는지 그날 남편은 유럽으로 떠날 예정이었는데 하노이에서 하루 더 묵겠다고 했다. 그러자 남편의 비서가 안절부절못하며 불안한 표정이 되었다. 비행기 스케줄 때문이었다. 남편이 그날 출발하면 중간에 갈아타는 공항에서 한 시간 반만 기다리면 되지만 다음 날 떠나면 다섯 시간 반을 기다려야 한다는 것이다. 나는 남편의 등을 떠밀었다.

"빨리 떠나세요."

"쓸데없는 소리. 내일 떠나기로 했으니 내일 갈 거야."

남편이 고집을 부렸다. 하지만 비서 한 명 데리고 출장 다니는 남편을 공항에서 그렇게 오래 혼자 머무르게 할 수는 없었다. 나는 비서에게 남편의 짐을 싸게 했다. 오프닝 행사가 끝나자 남편도 떠났고 개관식에 오셨던 손님들도 모두 떠났다. 전세기로 한국으로 돌아가는 손님들을 배웅하기 위해 직원들도 공항으로 떠났다.

손님들이 하나둘 돌아가고 나니 왠지 모를 허전함과 안도감이 함께 밀려왔다. 아마 무대에 서는 사람들도 똑같지 않을까 싶다. 무대에 오르기 전에는 관객이 많이 올까 안 올까 불안하고, 노래가 히트 칠까 아닐까 걱정한다. 공연이 끝나고 관객들이 다 가고 나면 평이 좋지 않을까 하여 불안해한다. 하노이대우호텔 개관식이 끝난 후 내 허전함은 더욱 커졌다. 손님들에게 인사를 하고 뒤돌아서는데 그 큰 공간에서 곁에 아무도 없이 혼자 서 있는 내 모습을 발견하고 소스라치게 놀랐다. 갑자기 '헉' 하며 울음이 뱃속에서 끓어올랐다. 하버드대에서 공부할 때 뼛속 깊이 느꼈던 절대 고독감이었다.

방으로 뛰어 올라가 먼 산을 바라보며 목 놓아 울었다. 왜 그렇게 허전했을까. 다리와 허리도 아프고 오십견이 왔다. '아파서 이렇구나.' 하는 생각이 들었다. 몇 년 전 위 수술을 했을 때만 해도 이기면 된다는 용기가 있었다. 그런데 나이 50이 넘으니 달랐다. 힘이 확 빠졌다. 나를 잡아줄 사람이 없어서 그랬던 것 같다.

다음 날, 나는 큰일을 끝내고 난 뒤 몰려오는 허전함에서 벗어나고자 아침부터 서둘러 일에 몰두했다. 외출하고 돌아오니 남편에게 전화가 왔었다는 메모가 있었다. 출장 중에는 전화를 안 하는 사람이 웬일인가 싶어 바로 전화를 걸었다.

"아니, 그냥 잘 도착했다고."

그렇게 떠난 것이 마음에 걸려서였을까? 웬일로 안부 전화를 한 것이다. 그때가 결혼한 지 30년이 다 되어가고 있었다. 함께 산 시간보다 떨어져 있는 시간이 많았던 우리 사이에도 세월과 함께 애틋함이 쌓이고 있다는 걸 그때 처음 느꼈다.

La Dame de Séoul

일하면서 많은 잡지와 인터뷰를 했지만 유난히 생각나는 인터뷰가 있다.
1997년 하노이대우호텔 개관 당시 프랑스 잡지 『로피시엘L'officiel』과
하노이에서 한 인터뷰다. 인터뷰 내용을 소개한다. 로랑스 뵈르들레Laurence
Beurdeley가 쓴 기사 제목은 '서울의 마담La Dame de Séoul'이었다.

서태후식 황후와도 같은 자세, 우아함과 신중함이 동시에 배어 있는 품위 있는
태도, 조르지오 아르마니의 대표적인 검정색 정장을 하고 있으면서 은 손잡이 흑단
단장을 든 정희자 여사는 단연 시선을 사로잡았다. 그녀는 베트남의 호사스러운
꽃들과 어우러진 하노이대우호텔의 믿어지지 않을 정도로 성대한 오프닝 파티에서
가장 눈에 띄는 존재였다. 그녀밖에 보이지 않는 듯했다. 이 행사에 참석하고자
전 세계에서 도착한 손님들과 하노이에 거주하는 베트남의 주요 인사들을
포함해 3,000여 명의 초대 손님들이 그녀가 개봉한 작품을 보았다. 그녀의 꿈과
아이디어는 최고의 절정에 도달했다. 철의 여인의 자부심과 에너지와 권위를 엿볼
수 있는 열정적인 목소리로 "마음에 드세요? 제 아이디어랍니다."라고 말을 꺼냈다.
초대작 영화의 무대로 변한 수영장 위에서 각양각색의 세계적인 쇼가 공연됐다.
그녀와 우리 모두 놀라운 광경이 펼쳐지는 동안 총천연색 레이저 불꽃으로
빛나는 하노이의 하늘을 경이에 찬 눈으로 바라보고 있었다. 하노이에 주재하는
외교관들과 파견 근무 나온 외국인들에게 분명히 잊지 못할 일대 사건이었다. (중략)
하노이대우호텔은 대사관과 멋진 식민지 시대 건물들 가까이 위치한 바딘(새로운
무역 중심지)의 중심에 세워졌다. 내년에는 18홀의 골프장이 완공되고 아주 쾌적한
33개의 스위트룸(위성 TV 세트 설치)을 포함해 411실의 룸을 갖출 것이다. 또한
정희자 여사의 미적 감각과 취향을 잘 반영하고 있다. 섬세한 벽면 처리, 진귀한
대리석, 호화로운 실크, 금도금, 꽃병과 도자기, 품위 있는 가구로 정교하고 세련된

인테리어를 창조했다. 네 가지 다른 미각을 자랑하는 레스토랑(유럽, 중국, 이탈리아, 일본 풍), 하노이 시가지와 호수의 전망이 한 폭의 파노라마와 같이 펼쳐져 눈에 들어오는 바, 호환성이 완벽한 컴퓨터들이 설치된 비즈니스 센터, 컨벤션 센터, 사우나가 딸린 헬스클럽, 보디빌딩실, 전대미문의 나이트클럽 등이 하노이의 활기찬 모습 속에서 이 호텔을 특권 받은 고요한 장소로, 아주 고급스러운 곳으로 만드는 요소들이다. 한 폭의 풍경화와도 같은 공원 한가운데 엄청나게 큰 아름다운 종려나무들로 에워싸인 수영장은 타일 바닥이 훤히 들여다보이는 터키색의 물빛을 발하고 있다. 길이가 80미터로 아시아 최대 규모다. 반드시 한 번 가볼 만한 곳이다.

LA DAME DE SÉOUL

PAR LAURENCE BEURDELEY

Heeja Chung a une vision mondialiste du futur et un sens aigu de l'observation pour les petites choses de la vie quotidienne. Deux traits de caractère qui font de la présidente de Daewoo Development Co.,Ltd. une femme d'exception. Rencontre à Hanoï, au Vietnam, avec la Dame de Séoul.

Allure impériale, à la T-seu Hi, majestueuse d'élégance et de discrétion, tout en noir, signé Giorgio Armani, comme d'ébène à pommeau d'argent, Heeja Chung ne passe pas inaperçue. On la remarque d'emblée, on ne voit qu'elle dans cette incroyable et somptueuse soirée d'ouverture du Hanoi Daewoo Hotel, fleuron du luxe au Vietnam. Son œuvre, que découvrent 3000 invités dont certains arrivés du monde entier pour l'occasion, et tout Vietnam qui compte, de Ho Chi Minh Ville (Saïgon) à Hanoï. «Vous aimez ? C'est mon idée», lance-t-elle d'une voix passionnée, où l'on perçoit la fierté, l'énergie et l'autorité d'une femme de fer formidablement charismatique, qui est allée au bout de son rêve. De ses idées. Elle regarde, nous regardons tous, sidérés, le ciel d'Hanoï, en technicolor, s'illuminer sous les lazers de feux, tandis que sur la piscine, transformée en scène de superproduction cinématographique, se déroule dans une succession de shows internationaux de tout style, un spectacle incroyable. Pour les diplomates et les étrangers en poste à Hanoï, c'est l'événement à ne pas manquer. Grandiose, remarquable à l'image du Hanoi Daewoo Hotel, le premier et unique 5 étoiles du Vietnam, construit par le groupe Daewoo qui a investi, dans ce palace de marbre au décor somptueux, la bagatelle de 163 millions de dollars.

Le cosmos

Créer des hôtels, c'est la passion, le métier et la raison d'être de Heeja Chung, «la Dame de Séoul». Elle est dans la vie l'épouse de Kim Woo Choung, le président-fondateur du Groupe Daewoo, (34e entreprise mondiale selon Fortune's Magazine), dont le nom, en coréen, signifie Cosmos. Diplômée d'Architecture de l'Université de Hanyang (Corée) et d'Histoire de l'Art oriental de l'Université de Harvard, elle voulait être architecte d'intérieur, mais son mariage et la naissance de ses cinq enfants ont bouleversé ses rêves. Pendant longtemps, elle a été femme au foyer, organisant des dîners d'affaires pour son époux. On l'imagine mal en la

2장

나와 대우 그리고 사람들

경주힐튼호텔 개관 전 그림을 고르며 인테리어에 고심하고 있다.

1991년 10월 대한적십자사 창립 88주년을 맞아 봉사장 금장을 받고 인사말을 하고 있다.

1995년 12월 장쩌민 전 중국 국가주석이 경주힐튼호텔을 방문하여 기념촬영을 하였다. 장쩌민 주석은 김영삼 대통령 초청을 받아 국가주석으로서는 한국을 처음 방문하였다. 장 주석은 그날 밤을 경주힐튼호텔에서 보냈다.

1996년 관광의 날에 관광산업에 기여한 공로로 금탑산업훈장을 받았다.

2013년 11월 메세나 대상을 수상하였다. 메세나 대상은 한국메세나협회가 우리나라 예술 발전에 기여한 기업, 기업인을 발굴하여 시상하는 상이다. 나는 중소기업부문에서 '아트선재미술관'을 설립하여 혁신적이고 포괄적인 전시를 개최한 공로로 대상을 받았다.

1997년 7월 우즈베키스탄 카리모프 대통령 가족과 대통령 별장 휴가지에서 함께 기념촬영을 했다. 카리모프 대통령은 외환위기 당시 김대중 대통령에게 부도 위기에 처한 남편의 구명을 요청하기도 했다.

선정이 엄마예요, 돈 좀……

결혼 전 나에게는 꿈이 있었다. 인테리어 디자이너 같은 전문직 여성으로 당차게 일하며 멋진 인생을 살아갈 꿈이었다. 그 꿈을 이루기 위해 오랫동안 유학을 준비했고 그 꿈에 한발 다가가려고 어렵사리 결혼을 결심했다. 그런데 결혼 후의 현실은 기대와 너무나 달랐다. 나에게 청혼을 하며 호언장담했던 남편의 미국행은 도대체 언제쯤 가능한 것인지 의문스러웠다. 어린 시절 여자로 태어났어도 나약해지지 말고 원대한 꿈과 포부를 가지라고 격려했던 아버지가 지금 내 모습을 본다면 뭐라고 하실까.

허무했고 무상했다. 육아와 집안일로 하루하루가 고됐다. 무엇보다 마음이 그렇게 쓸쓸하고 무상할 수가 없었다. 남편의 따뜻한 관심과 이해가 있다면 그 어떤 힘겨운 일도 기꺼이 받아들일 수 있는 존재가 바로 여자다. 그런데 나는 여자로서 가장 기본적이면서 중요한 남편 사랑에 굶주린 채 홀로 방황해야 했다. 뒤돌아보니 그런 세월이 내 평생의 대부분을 차지하지 않았나 싶다.

나는 남편이 어서 돌아와 고생하는 나를 위로해주길 바랐다. 하지만 남편의 퇴근은 점점 늦어졌고 출장은 길어졌다. 남자들이 대문 밖을 나서면 집안일은 새카맣게 잊어버린다는 사실을 알지 못했다. 남편을 기다리며 우는 날이 많아졌다. 그럴수록 남편에 대해 서운함과 미움이 커져만 갔다. 그토록 기다리던 남편이 막상 집에 돌아오면 반가움도 잠시였고 혼자서 속을 끓이며 꽁해 있던 마음에 살갑게 대할 수 없었다. 그때의 나와 남편은 젊었고 둘 다 자존심이 강했다. 각자의 입장만을 내세우기 급급했고 서로 이해하고 보듬는 여유가 부족했다.

다투기도 참 많이 다퉜다. 남편은 경기고 규율부장이었다. 주먹이 나름 셌다. 이런 이야기를 하면 아이들이 싫어하겠지만 싸울 때 주먹이 날아온 적도 몇 번 있었다. 지금 그런 일이 일어난다면 폭력 행위로 가정폭력처벌법 위반이다. 하지만 그때는 가정 내의 일은 사사로운 것으로 간주했던 시절이다. 그렇다고 내가 막무가내로 남편을 이기려고 한 것은 아니었다. 젊은 시절 남편은 내게 무서운 존재이기도 했다. 남편 앞에서 불평을 늘어놓다가도 남편이 큰 소리로 역정이라도 낼라치면 이내 그칠 수밖에 없었다. 내 딴에는 참고 산 것이었다.

그러다 이혼을 각오하고 가출을 감행한 적도 있었다. 둘째 선재를 낳고 산후 몸조리를 하던 중이었다. 나는 태어난 지 100일도 안 된 갓난애와 이제 겨우 종종 걸음마를 하는 선정이를 데리고 찬 바람 부는 미아리 골목길을 나섰다. 친구와 동업으로 회사를 차린다는 얘기를 듣고 만류를 했는데 남편이 뜻을 굽히지 않았기 때문이다. 아내들이 사용하는 최후의 수단인 가출을 감행했다. '그러면 남편 마음이 돌아서겠지.' 하는 일말의 기대도 있었다. 나는 남편이 착실한 샐러리맨이라는 것이 마음에 들어 결혼했다. 아버지와 큰아버지 모두 사업을 해왔던 터라 사업한다는 것이 얼마나 어려운지 보아왔고 사업가 집안의 흥망에 대해 누구보다 잘 알고 있었다. 그래서 어린 시절부터 사업하는 사람에게는 절대 시집을 가지 않겠다고 했다.

그런데 남편이 회사를 그만두고 자기 사업을 시작하겠다고 나섰으니 눈앞이 캄캄해졌다. 남편이 외국 지사로 발령받기만을 기다리던 나는 남편의 창업 소식에 덜컥 어린 자식들과 먹고살 걱정이 앞섰다. 발을 동동 구르며 남편을 붙들고 사업은 안 된다, 동업하지 말라고 반대 또 반대했다. 하지만 남자가 무슨 일을 하겠다고 마음을 먹으니 아무리 반대를 해도 먹히지 않았다. 나의 가출도 효과가 없었다. 사촌 여동생 집으로 가출을 감행했던 나는 남편에게 이끌려 2주 만에 비참한 기분으로 집으로 돌아왔다.

남편은 1967년 자본금 500만 원과 직원 다섯 명으로 대우실업 창업을 하고야 말았다. 그게 바로 대우그룹의 시작이었다.

대통령 전용 요트에서. 1995년 6월 콜롬비아 대통령 면담을 위해 카타르헤나 부두에서 대통령 별장으로 이동하고 있다.

"엄마, 돈 1,000만 원만 줘."

남편에게는 생의 마지막이 된 1년. 그 기간 내가 병원에 가면 남편은 자꾸 돈을 달라고 했다. 어느 날은 1,000만 원, 어느 날은 2,000만 원, 어느 날은 1억 원이 되었다.

"그 많은 돈을 어디에다 쓰시려고요?" 내가 물었다.

"다시 사업하려면 자금이 필요하잖아. 엄마가 돈 좀 해 와. 사업해야지."

쇠약해진 육신과 더 쇠약해진 기억력에도 불구하고 사업가 본성은 살아 있는 듯했다. 남편이 돈을 달라고 하니 어린 딸 선정이를 업고 사채업자들을 찾아다니며 남편의 사업자금을 꿔 오던 옛일이 생각났다. 지금처럼 금융업이 발달하지 못했던 시절이라 주로 사채에 의존해야 했다. 사채업자들 집에 가서 청소도 하고 설거지도 해주며 그분들의 마음을 얻으려고 노력했다. 일단 사업을 시작한 이상 어떻게 하든 남편의 일을 도와야 한다는 마음이었다.

처음에 남편이 사업할 때 첫 사업자금에 친정엄마가 준 20만 원을 보태었다. 그때가 1967년이다. 대학등록금이 8,000원 하던 시절이었으니 지금 기준으로 보면 얼마일까? 돈이 워낙 귀하던 시절이라 작은 집 한 채 살 수 있는 꽤 큰 돈이었다. 대우그룹 탄생의 종잣돈인 셈이다. 하지만 그 돈으로는 어림도 없었다. 사업이 커지는 만큼 운영자금이 계속 필요했다. 지금도 생각나는 것은 돈을 구하러 어느 집에 갔더니 현금이 작은 방 하나에 가득했다. '저 돈이 있으면 남편이 사업하는 데 유리할 텐데.' 하고 내심 부러웠던 기억이 아직도 생생하다. 그 집은 공무원 집이었다. 다른 후진국들처럼 우리나라도 그 당시에 잘사는 사람들은 다 공무원이었다. 나에게 돈을 빌려주는 잘사는 공무원들이 많았다. 고마운 분들이었으나 지금은 다 돌아가시고 안 계시다. 가장 생각나는 분은 자유당 때 세관장을 지낸 분이다. 그분이 담보를 서주어서 큰돈을 꿀 수가 있었다. 그렇게 고마울 수가 없었다.

1972년으로 기억하는데 박정희 대통령이 사채를 금지하고 정식으로 은행에서 돈을 대출받아 사업하도록 제도를 바꾸었다. 그 덕분에 사채 얻으러 다니는 나의 역할은 끝이 났다. 사채 동결 이후 은행에서 돈 빌리기가 쉬워서 그랬는지 대우가 해체될 때 은행 빚이 그렇게 많은 줄 몰랐다. 하지만 남편에게 돈은 언제나 사업을 하는 수단이었다. 돈을 모아서 치부하거나 어디 딴 데다 쓰려고 했던 것은 아니었다. 나도 가난한 집에 시집와서 고생해서 그런지 돈을 무척 아끼는 편이다. 하지만 투자할 곳에는 과감하게 투자했다.

대우실업의 출발은 섬유였다. 스웨터를 짜고 와이셔츠를 만들어서 수출을 시작했다. 미국 시어스백화점에도 납품했다. 품질이 좋아서 계속 주문이 늘고 계약서가 쌓여갔다. 하지만 난관은 그때나 지금이나 주변에 항상 도사리고 있다. 공장이 부산에 있었는데 공장 직원들 출입할 때 옷감이나 부자재 등 도난 방지를 위해 몸수색을 했던 모양이다. 그 당시만 해도 몸수색을 당연하게

생각했다. 그런데 조금 과도했는지 몸수색에 항의한 직원들이 파업하고
출근을 하지 않았다. 선적할 날짜는 다가오는데 공장이 멈췄다. 남편과 나는
발만 동동 굴렀다. 보다 못한 남편이 나보고 대신 가보라고 했다. 할 수 없이
선정이를 등에 업고 부산 가는 기차를 탔다. 조장 집은 대신동에 있었다. 당시
대신동은 판자촌이었다. 나는 보리쌀 한 되를 사 들고 집 문을 두드렸다.

"선정이 엄마예요."

그의 얼굴도 나의 얼굴도 휑하기는 마찬가지였다. 나도 모르게 눈물이
났다. 손을 잡고 울면서 공장에 다시 나와달라고 하소연했다.

"우리 같이 살아야지요."

"한 번만 도와주세요."

나의 눈물 어린 설득에 마음이 돌아섰는지 직원들이 복귀했다.
호랑이 담배 먹던 시절의 이야기다. 많은 세월이 흘렀지만 그 당시의 광경은
내 마음속에 생생하게 박혀 있다. 어려움을 해결한 능력을 인정했는지
그다음부터 남편은 상대방의 마음을 움직여서 해결할 수 있는 일들을 내게
맡기기 시작했다.

회사 초창기에는 직원들을 먹이기 위해 김치를 직접 담그기도 했다.
직원들이 내가 담근 김치를 특히 좋아했다. 내가 엄마에게 배운 것은 먹을거리
만들기, 특히 김치 담그는 법이었다. 초등학교밖에 안 나왔지만 부지런하고
살림을 야무지게 잘하고 요리 솜씨가 뛰어난 엄마가 내게 남겨준 소중한
유산이었다.

상대방과 친해지는 가장 쉬운 방법

남편은 친구들을 집으로 데려와 집 밥을 함께 먹는 걸 좋아했다. 미아리의 한성실업 사택에 살 때 어쩌다 연휴에 남편이 별일 없이 집에 있나 싶으면 어떻게 알았는지 친구들이 하나둘 찾아왔다. 그 친구들과 별 반찬 없이 김치 하나 놓고도 밥을 먹곤 했다.

왜 그렇게 집 밥 초대를 좋아할까? 가만히 생각해보면 그건 남편의 성격에도 이유가 있는 것 같다. 남편은 경제나 비즈니스나 회사 일에 대해선 속사포처럼 말을 쏟아내도 그 외 문화적인 것들이나 일상적인 일들에 대해선 꿀 먹은 벙어리였다. 결혼한 지 얼마 되지 않았을 때 남편이 집에서 너무 말이 없어서 벙어리인가 하는 생각이 들 정도였다. 담배는 피우지만 술을 못 마셨다. 사람들과 친밀해지는 데 나름의 어려움을 느꼈을 것이다. 그런 그가 집에서 먹는 정성스럽고 따뜻한 밥 한 끼는 상대방과 친해지는 가장 쉽고 편한 방법이었으리라. 그때는 통행금지가 있었다. 집에서 식사하고 밖에 나가 간단히 술 한잔하고 나면 통금 전에 귀가해야 해서 늘 시간이 촉박했다. 그러다 보니 집에서는 식사만 하고 빨리 다음 장소로 이동하곤 했다.

대우실업을 창업한 이후 남편은 외국의 바이어들까지 집으로 데려왔다. 이왕 시작한 사업이니 나도 도와야 한다는 생각에 군말 없이 손님 밥상을 차렸다. 남편은 생일날엔 꼭 집에서 밥을 먹었다. 한성실업에 다닐 때도 그랬고 대우실업 시절에도 직원들을 다 불러놓고 같이 밥을 먹었다. 남편은 그걸 원칙으로 삼고 실천했다. 남편이 대우그룹 회장이었을 때 1년 중 내가 가장 바쁜 날은 남편의 생일날이었다. 사장들, 임원들을 초대해 음식 대접을 했다. 최소 100명 이상이고 많을 때는 수백 명 되는 규모였으니 집 안이 북적북적했다. 몇 주일 전부터 장을 보며 남편 생일상 준비를 했다. 그렇게 함께 밥을 먹은 대우 임직원들은 끈끈하고 의리가 있었다. 대우 해체 이후에도 우리는 매년 남편 생일에 만났다. 그런 대우맨들이 요즘 하나둘씩 세상을 떠난다. 얼마 전에도 대우 사장 장례식장에 다녀왔다. 장례식장에서 그의 아내가 이렇게 말한다. "하늘나라에 일이 많나 봐요. 일 잘하는 사람들이 빨리 가네요." 장례식장에 다녀올 때마다 몸과 마음이 축 처진다. 남아 있는 대우맨들이 행복하고 건강하게 잘 지내기를 바라는 마음 가득하다.

결혼 전 우리 친정에도 사람들이 많이 드나들었다. 그래서 손님을 치른다는 것이 내게는 생소하지도 않았고 힘든 일도 아니었다. 나 역시 성격이 활발하고 붙임성이 좋은데다 친정어머니를 닮아 손맛이 좋았기에 음식상 차리는 것을 어려워하지 않았다. 하지만 남편이 하루가 멀다고 손님을 모시고 오자 점점 지쳐갔다. 아이들이 하나둘 태어나고 나중에는 막내 선용이까지 포함해 넷이나 되는 아이들을 데리고 일주일에 서너 번씩 손님맞이를 한다는 게 보통 힘든 일이 아니었다.

남편은 전화를 걸어 "세 명이야." "네 명이야." 하고는 그냥 끊어버렸다. 안 그러면 내가 애들이 뭘 해야 한다는 둥 토를 달기 때문에 자기 할 말만 하고 끊는 것이다. 내가 피치 못할 사정으로 도저히 손님 대접을 못 할 것 같아 회사로 전화를 걸어도 남편은 이리저리 핑계를 대며 받지 않았다. 어쩔 수 없이 식사 준비를 할 수밖에 없었다. 아이들이 다니는 학교와 가까운 신문로로 이사 가고 또 아이들이 자라 살림이 커져 방배동으로 이사한 후에도 손님 접대는 계속되었다. 시간이 흐를수록 집에서의 손님맞이는 습관화가 되었고 우리 집의 전통이 되어갔다.

손님이 오면 아이들에게 꼭 인사를 시켰다. 좁은 목욕탕에서 서너 명을 씻겨서 머리를 빗기고 깨끗한 옷으로 싹 갈아입혔다. 요즘엔 청바지를 많이 입히지만 당시엔 일본풍이 많았다. 타이즈를 신기고 양복 재킷을 입혀 머리에 핀까지 꽂은 다음 현관문 앞에 줄을 세웠다. 그리고 손님들이 들어오시면 환하게 웃는 얼굴로 인사를 하게 했다.

1991년 러시아 상트페테르부르크에서 해군함정을 타고 백야 관광을 하고 있다. 우리 부부가 함께 관광에 나선 것은 평생 한두 번에 지나지 않는 희귀한 일이었다.

"안녕하세요. 어서 오세요."

영어도 아닌 우리말로 그렇게 짧고 간단한 인사를 하면 끝이다. 아이들을 쫓아내듯이 방으로 들여보냈다. 그러다 보니 아빠한테 전화만 오면 큰애가 "엄마, 오늘 또 손님이야?" 하면서 울상을 짓곤 했다. 그렇게 아이들을 괴롭히면서까지 손님들한테 인사를 안 시켜도 되는데 그땐 왜 그렇게 고집을 부렸는지, 나도 좀 별나긴 한 것 같다.

외국 손님들의 음식 대접은 뜻밖에 간단하다. 우리 음식에 대해 잘 모르니까 대표적인 요리 서너 가지를 내면 되었다. 주로 준비하는 음식은 불고기, 잡채, 생선찜 등이었다. 손님들이 언제 몇 명이나 올지 모르기 때문에 서너 가지 음식을 금방 차려낼 수 있게끔 소스 등 음식의 밑 작업을 늘 해놓았다. 우리가 낯선 나라의 음식을 먹을 때 그 맛을 잘 모르듯이 그분들 역시 그러했을 것이다. 그런데도 어른 서너 명이 앉으면 꽉 차는 주방에서 젊은 여자가 땀을 뻘뻘 흘리며 음식 준비를 하고 서빙을 하는 것이 안쓰러웠는지 다들 맛있다면서 엄지를 들어 보였다.

외국 바이어들이 집에 와서 밥을 한 번 먹고 가면 다음 날 회의가 부드럽게 진행되는 것이 사실이다. 부인이 좀 힘들더라도 집에서 된장찌개 하나 끓이고 불고기에 김치 반찬 놓고 먹는 것과 밖에서 식당 밥을 대접하는 것은 비교할 수 없을 만큼 큰 차이가 있다. 회사 초기에는 주로 동남아 바이어들이 많았다. 이후에는 아프리카, 유럽, 남미 등 남편이 판로를 뚫으며 만나는 세계 곳곳의 사람들이 초대되었다. 처음에는 비즈니스로 시작된 관계가 우정으로 발전하게 된 데는 바로 집에서 한 식사 한 끼 덕분이었다. 그중에는 한 번 만나고 끝나는 분도 있지만 세월이 가도 계속 친분을 유지하는 분도 있다. 바이어의 초청으로 남편과 함께 부부 동반 출장을 가는 경우도 많았다. 타국에 나가 보니 나 역시 집으로 초대받아 한 끼 먹는 식사가 정말 오래 기억에 남았다. 우리 부부와 바이어 부부가 그렇게 인사를 함으로써 그때부터는 서로 간에 인간적인 정이 더욱 깊어졌다. 그분들은 우리가 대우 사태로 유랑자 신세가 되었을 때 유럽, 아프리카, 동남아 등지에서 쉴 곳과 먹을 것을 제공해주었다.

　　모든 바이어들과 우정으로 발전하는 것은 아니지만 집에서 대접한 한 끼 식사는 내가 인생을 살아오면서 깨달은 중요한 삶의 노하우 중 하나다. 집에서의 손님 접대는 서울힐튼호텔을 운영하던 1980년대 초부터 조금씩 뜸해졌다. 그때는 회사가 너무나 커져 버려 집에서 치르는 데 한계가 있었다. 나 역시 회사를 경영해야 하는 처지였기에 집에서 식사 대접하는 일이 힘들어졌다. 대신 호텔이 우리 집이 되어 손님맞이와 파티를 호텔에서 치르게 되었다. 하지만 남편은 호텔에서 세 번 하면 집에서 두 번 하는 것을 주장했다. 많은 사람이 오해하는 것 중 하나가 내가 남편을 꽉 쥐고 사는 줄 안다. 남편한테 잔소리는 하지만 기본적으로 나는 남편을 존중한다. 그래서 남편이 원하던 대로 한 주에 두 번 정도는 집에서 손님 초대를 할 수 있게끔 최대한 노력했다.

서울힐튼호텔 23층 펜트하우스

서울힐튼호텔이 개장한 후에는 남편의 외국 손님들을 호텔에서 대접했다. 물론 꼭 집에서 치러야 하는 손님은 집으로 모셨다. 하지만 호텔 식사라는 것이 집에서만큼 친밀하고 편안한 분위기는 아니다. 식당에서 밥 한 끼 대접하는 것과 별반 다르지 않기 때문이다. 전문 요리사가 만든 최고의 음식을 대접하는 것이긴 하나 내 집에서 대접하는 것만큼의 정성이 묻어나진 않는 게 사실이다. 무엇보다 호텔의 일반 연회장에서 국가 원수급의 중요한 손님들을

1998년 방한한 트럼프 그룹 회장을 힐튼호텔 펜트하우스에 초청했다. 트럼프가 후일 미국의 대통령이 될 것이라고는 생각도 못 했다.

모시고 대접하기가 좀 불편했다. 그렇다고 귀빈들을 집으로 초대한다는 것 역시 이런저런 문제가 있었다. 그래서 손님들을 내 집에서 모시듯 친밀하고 편안하게 대접할 새로운 방법을 찾아야 했다.

호텔에는 사무실이 없었다. 손님들을 위한 객실을 만들어야 하니까 회장인 내 집무실 역시 조그마한 방 하나였다. 호텔을 둘러보느라 그나마 있는 집무실에도 잘 들어가지 않았다. 그러다 호텔 맨 꼭대기에 버려진 공간들을 발견했다. 공조실과 별 쓸모없이 방치된 공간들을 터서 새로 단장하면 제법 근사한 펜트하우스가 나올 것 같았다. 외국을 다녀보면 건물의 꼭대기 층을 잘 활용하는 것이 눈에 띄었다.

서울힐튼호텔 펜트하우스는 남편과 내가 손님들을 맞이하고 대접하는 집이 되었다. 연회장에서 리셉션을 하고 펜트하우스에서 귀빈들과 단란한 파티를 했다. 그런데 우리가 손님을 치를 때마다 별로 좋아하지 않는 곳이 있었다. 호텔 가까이 있는 남대문경찰서였다. 국가 원수급 귀빈이 방문하면 경찰서에서 경호해야 한다. 그런데 펜트하우스의 입구가 여러 개여서 경호가 매우 까다롭다는 것이었다.

사실 나로서도 파티든 리셉션이든 귀빈을 모시는 것은 여간 신경이 쓰이는 까다로운 일이 아니었다. 남편의 회사가 커질수록 국가 원수나 고위급 인사의 방문이 잦아졌다. 비공식적이거나 개인적인 방문도 공식적인 방문만큼이나 의전에 신경 써야 했다. 의전은 굉장히 중요하다. 의전 하나를 잘못함으로써 나라와 나라 사이의 관계가 나빠질 수도 있고 행사가 끝난 후 귀빈의 기분이 안 좋을 수 있기 때문이다. 트럼프 전 대통령도 사업가 시절 펜트하우스에서 식사한 내빈 중의 한 분이다.

행사 규모가 점점 커지고 여러모로 신경을 써야 하는 귀빈 접대가 늘어나면서 나중에는 전문 케이터링 업체를 이용했다. 조금 큰 파티는 손님 맞을 준비를 한 달 전부터 시작해 실수가 없도록 꼼꼼히 챙겼다. 파티 참석자들을 선정하는 일부터 좌석 배치도 신경 썼다. 주빈 가까이에 누구를 배정하느냐가 중요하기 때문이다. 이런저런 의도들을 따져봐야 하기에 머리 아플 때가 많았다. 예의를 갖추어야 하는 공식 석상에는 빈자리가 있어서는 안 된다. 따라서 초대장을 만들어서 보낸 후 참석 여부를 일일이 체크했다. 참석하는 사람 중 귀빈의 얼굴과 특이사항을 미리 직원들에게 주지하는 것도 중요하다. 자칫 귀빈을 알아보지 못하고 에스코트를 소홀히 하면 심한 경우 행사 도중에 돌아가 버리는 일이 생길 수도 있다. 좌석이 지정되어 있지 않으면 손님들이 어느 좌석에 앉을지 우왕좌왕한다. 그래서 테이블마다 꽃 부케를 다르게 만들어 그 부케에서 꽃 한 송이씩 뽑아 옷에 코사지로 달게 함으로써 좌석을 배정하기도 했다. 나는 집에서 손님 접대를 할 때도 어느

나라 바이어인지에 따라 그릇을 달리했다. 인도 바이어가 오면 인도 그릇을
준비하는 등 참석자들의 국적과 특징에 맞게끔 음식과 그릇을 준비했다.
선물을 준비해야 할 경우도 있다. 초대해준 이에 대한 감사의 표현으로 주빈이
선물을 주면 거기에 대한 화답으로 호스트 측에서도 선물을 해야 한다. 어떤
선물을 준비하느냐 역시 신경 쓰이는 일이었다. 테이블에 앉아 손님들과
자연스럽게 대화를 나누는 것도 매우 중요한 일이었다. 남편이 말수가 적으니
내가 어쩔 수 없이 수다쟁이가 되어야 했다.

지금 그 펜트하우스는 없다. 남편이 죽고 나서 임대 기간이 끝나
힐튼호텔에 반납했기 때문이다. 펜트하우스와 함께한 대우의 역사도 나의
기억에서 점점 옅어져 가고 있다.

남북한이 하나 된 자리

1991년 일이다. 그해 남편은 대한축구협회장이었다. 1989년 회장이 된 이후
1990년에도 연임을 하여 회장직을 수행했다. 내가 이사장으로 있는 지성학원의
거제고등학교에 축구부를 만들고 대우로열즈라는 프로 축구단을 창단할
만큼 남편은 축구를 좋아했다. 하지만 워낙 바쁘니까 축구협회의 각종 행사에
참석하는 게 쉽지 않았다. 그러다 보니 남편에 대한 여론이 좋지 않았다.
요즘처럼 방송과 인터넷이 발달했다면 아마 당장 회장직에서 쫓겨났을 것이다.

그러던 차에 아주 중요한 국제대회가 6월에 포르투갈에서 열렸다.
1991년 세계청소년축구대회였다. 마침 남한과 북한이 단일팀을 구성해서
참가했다. 1년 전 열린 아시아청소년축구대회에서 한국이 우승했고 북한이
준우승하면서 남북이 동시에 출전 자격을 따냈다. 그 무렵 탁구 선수 현정화와

이분희가 남북 단일팀으로 세계대회에 나가 우승을 했다. 그래서 청소년
축구의 단일팀에 대한 사회적 관심이 무척 컸다.

그런데 남편의 스케줄이 포르투갈 행사와 맞지 않았다. 그렇지 않아도
김 회장이 축구협회 회장으로서 아무것도 하는 일이 없다고 난리였다. 그런데
이번에도 참석하지 못하면 여론이 더 나빠질 것 같았다. 남편은 나더러 대회에
가보라고 했다. 이런 권유는 내 평생 늘 있었던 일이다. 결혼 초부터 지금까지
남편이 벌여놓고 수습은 내가 해야 했던 일이 어디 한둘이었나. 그러나 문제는
내 몸 상태였다. 당시 나는 위암 수술을 받고 회복 중이었다. 수술하고 두
달이나 되었을까. 그래도 어쩌겠는가? 식사에 주의하고 무리하지 않게끔
조심해서 다녀오기로 했다.

축구협회 관계자에게 무엇이 필요한지를 물어보니 먹을거리라고 했다.
대우가족의 해외 건설 현장을 찾아갈 때마다 내가 갖고 다니는 음식 운반용
짐 가방이 있었다. 고추장과 된장 같은 장류, 배추김치와 총각김치 같은
김치류, 김 같은 각종 밑반찬을 큰 가방 세 개에다 담았다. 지금은 김치, 반찬,
장류를 공장에서 만들어서 사 먹을 수 있지만 그때는 집에서 직접 다 만들어야
했다. 먹을 것들을 잔뜩 싸들고 두 분과 함께 포르투갈의 수도 리스본으로
떠났다. 그때 중학교 3학년이던 막내 선용이도 함께 갔다.

축구팬이라면 1991년 세계청소년축구대회를 기억하는 사람들이 많을
것이다. 남북 단일팀을 꾸렸는데 우리가 속한 조에는 실력이 쟁쟁한 나라들만
있었다. 아르헨티나, 아일랜드, 그리고 개최국인 포르투갈이 포함되었다. 우리
실력으로 볼 때 예선 통과를 기대하는 사람은 거의 없었다. 그저 단일팀으로
참가하는 데 의의를 두자는 분위기였다.

그런데 아르헨티나와 1차전부터 이변이 일어났다. 0대 0으로 비기다가
경기가 끝나갈 때 즈음 우리가 한 골을 넣은 것이었다. 우승 후보인
아르헨티나를 이기고 아일랜드를 상대로 두 번째 경기를 했다. 최소한

비겨야 8강에 진출한다고 했다. 한 골을 내주고 1대 0으로 상대팀에게 계속 끌려다녔다. 그렇게 끝나나 보다 하고 안타깝게 보고 있는데 믿을 수 없는 일이 일어났다. 후반 44분 40초에 북한 선수가 동점 골을 넣었다. 남북 단일팀으로 8강 진출에 성공했다는 기쁨에 모두 흥분했다.

드디어 8강전을 치르는 날이 되었다. 상대는 브라질이었다. 나는 경기 시간이 다가올수록 걱정이 되었다. 사람들과 얘기를 하다가 리스본에서 두 시간 거리에 파티마 대성당이 있다는 걸 알게 되었다. 제1차 세계대전이 한창이던 1917년 5월 13일에 성모마리아가 세 명의 목동들 앞에 나타나 매월 13일에 이곳 성당에 와서 평화를 기원하겠다고 했다는 가톨릭의 성지다. 그날 브라질과의 경기는 저녁 여덟 시였다. 선수들에게 점심을 해 먹이고 저녁 식사 전까지 도착할 계획으로 나와 일행은 빌라노바데오렘의 파티마 마을로 갔다. 마을에 도착하여 주변을 둘러볼 겨를도 없이 곧장 성당으로 들어가 촛불을 켜고 꿇어앉아 기도를 했다.

"우리 남편 건강하게 해주시고 우리 회사 발전하게 도와주세요. 그리고 오늘 경기에서 우리나라가 이기게 해주세요. 나라를 위해서도 그렇고 김우중 씨를 위해서도 그렇고 코리아 팀이 꼭 좀 이기게 도와주세요. 제 온 힘을 다해서 기도드립니다."

눈물이 주르르 흘러내렸다. 불교가 내 모태 신앙이고 시어머니가 독실한 기독교인이라 성경은 좀 읽었지만 가톨릭 교리나 미사는 처음이었다. 미사가 시작되었으나 눈물이 멈추지 않았다. 처음엔 그저 흐르기만 하던 눈물이 걷잡을 수 없는 흐느낌으로 바뀌었다. 나도 모르게 뱃속에서 올라오는 울음에 컥컥댔다. 그 감정을 무엇이라고 해야 할까. 한참 울다가 정신을 차리니 미사는 끝나 있었다. 자리에서 일어났다. 순례자들이 무릎걸음으로 고행을 하는 것이 보였다. 어떤 이들의 무릎에선 피가 흘렀다. 육신을 고통스럽게 하는 의식에 어떤 의미가 있는지 이해할 수 없었다. 하지만 나는 그때의 체험으로 성모

남북한축구대회 참가자들과 함께. 8강까지 진출했으나 8강에서 브라질에 5:0으로 대패했다. 다시는 그런 게임을 보고 싶지 않을 정도로 승리를 기원하며 안타깝게 마음을 졸였다.

마리아에게 관심을 두게 되었다.

그러나 8강전은 처참했다. 내 간절한 기도가 무색할 정도로 브라질에 크게 패했다. 무려 다섯 골이나 허용했는데 그럴 때마다 가슴이 철렁거렸다. 사람들이 왜 운동 경기를 보다가 심장마비를 일으키는지 알 것 같았다. 관람석에 앉아 있기 어려울 정도로 몸에 부담이 느껴졌다. 북한 선수가 한 골을 넣긴 했지만 우리는 1대 5로 브라질에 완패했다. 시합이 끝나자 선수들과 관계자들 모두 원통해했다.

당시 우리 팀은 감독은 북한, 코치는 남한, 공격수는 북한 선수, 수비수는 남한 선수 이런 식으로 남과 북이 역할을 안배했다. 그런데 팀워크를 발휘해야 하는 선수들이 서로 사용하는 용어가 달라 결집이 되지 않았다고 한다. 그런

분석이 나름의 일리가 있었다. 식사 시간에 북한 선수들은 자기들 자리에서 밥만 먹고 숙소로 그냥 들어가 버렸다. 남한 선수들과 함께 밥을 먹고 얘기를 나누며 소통해야 하는데 그러질 못했다. 지금도 그렇지만 북한 체제라는 것이 그때는 더 경직되어 있었고 남북한 관계에 조심스러운 부분이 참 많았다. 어쩔 수 없는 일이라지만 북쪽 선수들도 그렇고 우리도 참 안타까워했던 기억이 난다.

그런데 경기가 끝난 후 수술로 몸이 약해진 상태여서 그랬는지 몰라도 정말 심장마비가 올 것처럼 힘이 들었다. 실제로 몸에 이상이 왔다.

가까스로 넘긴 죽음의 고비

브라질과 경기 시작 전부터 배가 아팠다. 왜 이렇게 배가 아플까 생각해보니 저녁으로 먹은 스파게티가 소화가 안 되었다. 불과 두 달 전에 위암 때문에 위 절제 수술을 받고 회복하는 단계였다. 식사를 하루에 여섯 끼씩 나누어 조금씩 먹어야 했다. 그런데 8강 경기가 있던 날은 그렇게 챙겨 먹을 시간이 없었다. 파티마 대성당에서 돌아오자마자 저녁 준비에 바빴다. 선수단 60명에다 기자까지 포함하면 90인분의 식사를 차려야 했다. 불고기를 굽고 반찬을 만들고 하다 보니 끼니를 계속 걸렀다. 허기가 느껴졌으면 밥을 먹었을 텐데 위가 없으니까 배가 고프지 않았다. 나중에 아차 싶은 생각에 스파게티를 조금 먹은 게 전부였다.

경기를 관람하는데 간헐적으로 통증이 왔다. 통증이 점점 심해졌는데 출산할 때처럼 악! 소리가 날 만큼 고통스러웠다. 그런데도 어리석게 진통제를 먹으며 시합이 끝날 때까지 버텼다.

그날 일정이 끝나고 숙소로 들어가려는데 회사 지사장과 직원들이 밥을 먹자고 했다. 늦은 시간이었다. 나는 너무 피곤했으나 다른 사람들이 출출한데 나 때문에 식사를 안 할까 봐 염려되어 동행했다. 일식집에서 간단하게 국수를 먹고 호텔로 돌아와 직원들을 보내고 막내 선용이와 방으로 들어섰을 때였다.

"억!"

식당을 나설 때부터 배가 몹시 아프더니 급기야 실신한 것이다. 선용이는 엄마가 최근에 무슨 수술을 어떻게 받았는지 잘 알고 있었다. 그때의 상황이 얼마나 위급했는지 직감했던 것 같다.

"My mother will die. My mother will die. Somebody help me!(엄마가 죽어가요. 엄마가 죽어가요. 누가 저 좀 도와주세요!)"

당시 열다섯 살이던 선용이는 이렇게 외치며 호텔 로비를 뛰어다녔다고 했다. 얼마 후 선용이가 누군가를 데리고 방으로 달려왔다. 친구와 스카치 한잔하러 호텔에 잠깐 들른 내과 의사였다. 나는 너무나 고통스러워 비명을 질렀다. 그리고 끔찍한 고통을 견딜 수 없어 또 정신을 잃었다. 그 사람은 내 배에 난 상처에 관해 물었다. 선용이가 지난 5월에 미국에서 위암 수술을 받은 흔적이라고 말했다. 그는 질겁했다.

"어떻게 이 몸으로 여기까지 여행 올 수 있습니까?"

그는 빨리 병원으로 가라며 한 곳을 소개해주었다. 그 병원이 미국계라는 게 중요했다. 포르투갈어만 통용되는 현지 병원에 갔더라면 분초를 다투는 위급 상황에서 언어 소통이 안 되어 더 나빠졌을 것이다. 병원으로 향하는 내내 나는 고통의 절규와 혼절을 거듭했다. 절박했던 그 순간 어린 선용이는 내 옆에서 떨면서 울고 있었다.

의사들은 곧바로 검사에 들어갔다. 장이 꽉 막힌 것이었다. 위암 수술 후 나타날 수 있는 장 협착증이었다. 당장 수술을 하지 않으면 위험하다고 했다. 나는 다음 날 오후 비행기로 한국에 귀국할 예정이었다. 한국까지는 열여덟 시간이 걸린다. 의사들이 펄쩍 뛰었다.

"비행기 안에서 죽을 수도 있어요."

그러나 나는 그곳에서 수술을 받기 싫었다. 당시에 에이즈라는 것이 처음 발견되어 전 세계적으로 공포 심리가 퍼져 있었기 때문이다. 수혈받은 혈액이 에이즈에 감염된 것이면 어떻게 할 거냐고 따지듯이 묻자 의사들이 수술할지 말지 결정을 내리라고 통보했다. 그런 와중에 서울에 있는 남편과 전화 통화가 됐다. 남편은 그 상태로는 절대 한국에 들어올 수 없으니 당장 수술을 받으라고 했다. 한국의 담당 의사와 포르투갈 의사가 서로 의논해서 구체적인 수술 방법과 혈액 수혈 문제 등은 잘 처리할 테니 마음을 놓으라는 것이었다.

나는 의사와 통화한 남편의 권유를 듣고 나서야 수술을 받기로 했다. 우여곡절 끝에 수술이 끝났다. 그리고 수술 후 환자를 배려하는 그들의 서비스에 놀라지 않을 수 없었다. 몸을 깨끗이 씻기고 닦고 시트로 따뜻하게 감싸는 등 환자에 대한 관리가 흠잡을 데 없이 훌륭했다. 그런 줄도 모르고 수술을 안 받겠다고 괜한 고집을 피웠구나 싶어 마음속으로 미안했다.

나는 리스본 병원에서 열흘 정도 묵으며 치료를 마쳤다. 남편은 미국 하버드대 의대에서 재검사를 받자고 했다. 남편의 아랍인 친구 카쇼기가 전용 비행기를 리스본으로 보내주어 보스턴까지 이동하게끔 도와주었다. 하버드대 의대에서는 수술만 안 받았을 뿐이지 많은 검사를 받느라 녹초가 되었다.

그해 나는 위 수술에 이어 장 수술까지 두 차례에 걸친 큰 수술과 많은 검사를 받느라 몹시 지치고 괴로웠다. 하지만 뜻밖의 기쁨도 있었다. 내가 고초를 겪었던 데 일말의 책임을 느꼈는지 남편의 태도가 부드러워진 것이다. 나는 결혼 생활 27년간 불만과 갈등을 참고 살았다. 그런데 남편은 그동안의 빚을 모두 갚았다고 할 정도로 본인이 할 수 있는 모든 노력을 기울여 나를 간호해주었다.

나는 남편에게 축구협회 행사에 성실히 참석할 수 없으면 회장직을

그만두라고 했다. 국내에 있을 때야 잠깐씩이라도 가볼 수 있지만 해외에
나가는 일이 더 많아질 텐데 앞으로는 어렵지 않겠느냐고 말했다.

"그런 경기 또 보면 마음 졸여서 정말 죽을 거예요."

내가 그런 말을 해서였는지 남편은 이듬해 대한축구협회장직을 사임했다.
후임은 정몽준 회장이 맡아 훌륭하게 책임을 완수한 것으로 알고 있다.

내가 만난 대통령들

사업을 하다 보니 대통령들을 만날 기회가 자주 생겼다. 부부 동반 행사가
많기도 했다. 그동안 내가 만난 대통령들은 모두 가치관과 철학이 뚜렷하고
리더 중의 리더이기 때문에 가까이하면 할수록 배울 점이 많았다.

"어느 대통령을 가장 존경하세요?" 누군가 물어보면 내 대답은 바로
나온다. "박정희 대통령입니다."

모든 대통령이 훌륭하지만 아무래도 우리 세대는 전쟁을 겪었고
가난에서 벗어나고 싶은 열망이 컸다. 그러다 보니 박정희 대통령에 대한
미련이 남아 있다. 박 대통령은 남편과도 인연이 깊다. 시아버지가 박
대통령에겐 대구사범학교 은사였기 때문에 남편을 "우중아"라고 불렀을
정도로 아꼈다.

노무현 대통령은 인권변호사로 활동하던 시절 옥포조선소 노사 분규 때
남편과 처음 만났다. 노 대통령은 남편이 노사 분규를 해결하려는 진정성을
인정해주었던 것 같다. 나도 힐튼을 경영할 때 제일 힘들었던 일이 무엇이냐고
물으면 "노조가 처음 생겼을 때입니다."라고 답한다. 당시 서울에 있는
호텔들은 모두 노조 때문에 힘들어했다. 노조라는 것을 경험하지 못했기

청와대 행사에서. 김대중 대통령을 만났다.

때문이다. 노조 경험이 있는 남편이 많이 도와주어 원만하게 해결할 수 있었다.
노무현 대통령은 굉장히 똑똑하고 달변가였다. 나도 부산 모임에서 몇 번
만났다. 그분이 국회의원일 때 어느 날 김해 공항에 내렸는데 누가 툭툭 쳤다.
노 대통령이었다.

"나를 기억하세요?" 내가 답했다. "그럼요. 똑똑히 기억하지요." 스스럼이
없고 소탈한 성격이었다. 댓글 때문에 심적으로 힘들다고 이야기하기에 내가
말했다. "무엇 하러 댓글을 읽으세요. 읽지 마세요."라고 조언했는데 아마도
듣지 않았을 것이다. 비약이기는 하지만 내 말을 들었더라면 더 무디어졌을
테고 비극적인 최후를 맞이하지 않았을 텐데 하는 안타까움이 크다.

많은 사람들이 김대중 대통령 때문에 대우가 해체되었다고 말했다.
하지만 나는 그렇게 생각하지 않는다. 대통령과 직접 만날 때 그런 뉘앙스를

전혀 읽지 못했기 때문이다. 그건 남편도 마찬가지였다. 김 대통령 부부와 하노이대우호텔 펜트하우스에서 식사를 했다. 그때 대통령이 이렇게 말했다. "정치는 내가 맡고 경제는 김 회장이 맡아주세요. 잘사는 나라 좋은 국가가 되도록 합시다." 이 말이 밖으로 나가 일파만파 퍼지면서 견제구를 맞았고 여러 상황이 꼬이기 시작했다.

김영삼 대통령도 행사에서 뵈었는데 대통령께 다리 건설을 건의했던 기억이 난다.

"거제도와 부산에 다리를 놓아주세요. 다리가 없으니 거제에서 부산을 나오려면 몇 시간을 돌아가야 해요. 다리만 있다면 바로 갈 텐데요."

나는 거제도 발전을 위해 건의했다. 일리가 있다며 실무진에게 검토해보라고 지시했지만 거가대교가 완성되기까지는 무려 20년이라는 세월이 걸렸다. 거가대교가 완성되고 보니 나의 기대와는 달리 거제도보다 부산이 더 발전했다. 부산에 가기가 편해지니 부산으로 유입되는 쏠림 현상이 심해져 거제도를 향한 나의 사랑이 허무해지고 거제도민들에게 섭섭한 마음도 들었다.

노태우 대통령은 말수가 없고 근엄한 인상이었고 테니스를 좋아했다. 당시 상황이 노 대통령을 근엄하게 만들었을 것이다. 노 대통령은 골프를 좋아하지 않았고 거의 치지 않았는데 딱 한 번 라운딩을 같이 했다. 한 홀을 돌 때마다 직접 스코어를 체크하고 적었다. '굉장히 철저하고 꼼꼼한 분이시구나.' 감탄했던 기억이 난다.

전두환 대통령은 옥포조선소 배 진수식과 거제학교 완공식에서 보았다. 화통하고 씩씩하고 남자다웠다. 우리 학교를 순시하고 "참, 잘 지었네요." "기업에서도 학교를 이렇게 잘 짓네요."라고 칭찬을 했다.

남편이 사업을 벌여놓으면 내가 뒤에서 사업 파트너들에게 식사 접대를 했다. 남편이 바쁘면 대신 만났다. 그러한 일들은 나의 평생의 업이었다. 그 연장선에서 전 세계 각국의 대통령들을 만날 기회가 많았다. 그 상황에서

나는 위축되고 소침해지기보다 오히려 희열을 느끼고 당당했다. 1998년에
도널드 트럼프가 대우건설의 사업 파트너 자격으로 한국을 방문했다. 그때
트럼프는 대우조선해양의 옥포조선소와 대우자동차 군산공장 등을 둘러봤다.
옥포조선소를 둘러본 그는 나에게 "구축함의 내외부를 개조하면 훌륭한
요트로 사용할 수 있을 것 같습니다."라며 "구축함 하나를 만들어줄 수
없겠습니까?"라고 농담 반 진담 반 제의하기도 했다. 뉴욕 맨해튼에 있는 UN
빌딩 앞 대우트럼프 타워를 같이 지어서 한 층의 반을 서로 나누자고 제안도
했다. 하지만 성사되지는 못했다. 이어 아도니스 CC에서 나는 트럼프와 사위인
김상범 이수그룹 회장과 골프 라운딩을 했다. 트럼프는 대통령이 되어서도
주말이면 골프 클럽을 찾는 골프광으로 유명하다. 라운딩 후엔 힐튼호텔
펜트하우스에서 저녁을 함께 먹었다. 트럼프는 전형적인 비즈니스맨으로
보였다. 그가 훗날 미국 대통령이 되리라고는 당시에는 꿈에도 생각지 못했다.

영국 엘리자베스 여왕이 방한했을 때는 안동까지 수행하기도 했다.
여왕은 고령임에도 굉장히 건강하고 품위가 있었다. 계단을 한참 올라가야
하는 건물이었는데 여왕은 하이힐을 신고도 끄떡없었다. 남편이 그 이야기를
듣고는 "영국의 궁전이 크니 그 큰 궁을 걸어 다니면 체력이 저절로
길러지겠다." 하고 말했던 기억이 난다.

브루나이 국왕도 만났는데 하노이대우호텔에 있던 도자기 항아리에
대한 관심이 많았다. "브루나이에는 그러한 항아리를 볼 수가 없고 아주
아름다워요."라고 칭찬했다. 국왕께 선물로 항아리를 드렸는데 아직도 잘
보관하고 있는지 문득 궁금해진다. 당시 나는 대통령 등 국빈을 만날 때마다
작은 자개장을 제작하여 드리곤 했다. 한국 전통문화를 접한 적이 없는
분들이라 귀하고 멋지다고 모두 좋아했다.

1995년에는 쿠바에 카스트로 수상을 만나러 갔다. 당시 쿠바는 한국과
교류가 전혀 없었다. 남편이 자동차 조립 공장이나 부품 공장의 가능성을

1999년 엘리자베스 여왕이 한국을 방문했다. 여왕은 대우자동차 디자인포럼을 방문했다.

1994년 6월 피델 카스트로 국가평의회장과 함께. 남편을 만나고 난 다음 날 카스트로 대통령이 내가 묵고 있던 호텔로 찾아왔다.

타진하기 위해 방문하였다. 남편의 요청으로 나도 함께 갔다. 남편은 카스트로 수상과 회의를 마치고 우리 아내랑 함께 왔는데 아내가 수상님을 뵙고 싶어 한다고 말했다. "지금 회의장으로 오라고 할까요?"라고 했더니 수상은 "부인들은 화장하고 준비하고 오려면 시간이 걸리니 지금 오시라고 하지 마세요. 내가 내일 호텔로 갈게요."라고 대답했다. 당시 한국의 남성들에게서는 볼 수 없는, 여성에 대한 배려를 보여주었다. 그다음 날 우리 호텔로 정말 그가 왔다. 키가 무척 컸고 뉴스에서 자주 보던 특유의 국방색 군복을 입었는데 경호원 한 사람만 대동하고 왔다. 실제 만난 카스트로 수상은 언론에서 보도된 것과는 다른 이미지였다. 강한 독재자보다도 주변을 배려할 줄 알고 유머가 풍부한 소탈한 리더의 모습이었다.

여러 번 만나니 나도 카스트로 수상에게 농담을 했다. "저도 체 게바라가 옆에 있으면 남편을 버리고 쫓아가겠어요."라고 말하니 평소 잘 안 웃는 남편까지 웃었다. 카스트로와 체 게바라는 함께 쿠바 혁명을 일으켜 공산 정권을 세웠다. 쿠바 대혁명 후, 그는 상당한 지위를 가졌음에도 다른 나라의 혁명을 지원하기 위해 쿠바를 떠났다.

카스트로 수상은 남편에게 호텔을 건설해달라고 요청했다. 그때 쿠바는 관광지 개발이 되어 있지 않았는데 캐나다 기업들이 많이 와서 개발에 참여하고 있었다. 르망 자동차를 선물했더니 "우리나라는 이런 차가 필요해요."라고 기뻐했다. 키가 큰 카스트로 대통령이 작은 르망을 타고 좋아하던 장면이 아직도 생생하다. 그는 또 우리를 대접한다고 바닷가로 초대했다. 모래밭에서 양을 잡고 음식을 대접했다. 그날따라 날씨가 무척 더워 숨쉬기도 힘들었다. 하지만 그가 베푼 호의의 방식이니 전혀 내색하지 않고 꾹 참았다. 여러 가지 이유로 쿠바에는 대우가 진출하지 않았다.

김일성 주석에 대한 기억

남편은 1988년에 처음 북한을 다녀왔다. 현대 정주영 회장보다 훨씬 앞서 방북했던 것이다. 사실 북한과 사업을 한다는 것은 너무나 위험 부담이 커서 어느 기업가도 섣불리 추진하지 못했다. 남편이 북한을 다녀오자 현대와 삼성 역시 경쟁적으로 대북 사업을 추진했다. 남편은 두 번 북한을 다녀온 다음 세 번째부터는 나를 데리고 갔다.

남편은 책을 세 권 썼다. 그 책들에는 평소에 청년층에 대한 애정과 관심 그리고 세계 경영에 대한 신념이 다 담겨 있다. 지금은 하늘나라에 간 남편에게 물어볼 수도 없으니 그이가 책에서 밝힌 나에 관한 이야기를 빌려 쓰려고 한다. 김일성 주석을 만날 때의 이야기다.

'노태우 대통령은 민간인이 북한과 교류하는 것이 좋겠다고 생각해 나를 대북특사로 임명했다. 그때가 1991년이었나 보다. "김 주석이 내가 북한을 방문할 때 가족을 데리고 오라고 자꾸 그래요. 그래서 아내와 함께 갔지요. 그런데 김 주석이 우리 아내와 금세 친해져요. 아내가 직선적으로 얘기하는 스타일인데 그걸 더 좋아한 것 같아요. 김 주석 주위에 그렇게 솔직하게 거침없이 얘기하는 사람이 누가 있겠어요? 그리고 나서는 나보고 북한에 올 때마다 아내와 꼭 같이 오라는 거예요.'[1]

세계 어디를 가든 한두 번 당신이 다녀오면 나를 보냈다. 북한도 마찬가지였다. 다른 나라와 차이점이 있다면 혼자 안 보내고 늘 함께 갔다는 것이다. 1989년부터 1990년대 중반까지 열 차례 정도 북한을 다녀왔다. 김일성 주석을 처음 만날 때만 해도 나 역시 조심스럽고 예의를 차리느라 그리 많은 얘기를 나누지는 못했다.

1989년 평양축전에 남한 대학생 대표로 임수경이 참가했던 사건

---

1 『김우중과의 대화』 (신장섭 저, 북스코프, 2014) p.103

1989년 김일성 주석과 함께한 공식 기념사진. 노태우 대통령이 남편을 대북특사로 임명해 1989년부터 1990년대 중반까지 열 차례 정도 남편과 함께 북한을 다녀왔다.

김일성 주석과 함께 현장을 둘러보고 있다.

직후였다. 1988년 서울올림픽이 성공적으로 끝나자 북한은 1989년에
개최되는 평양축전을 서울올림픽만큼 대대적으로 치르고 싶어 남한의
대학생들을 초청했다. 물론 우리 정부에서는 허가를 내주지 않았다. 하지만
대학생 대표인 임수경과 문익환 목사가 평양행을 강행했고 축전이 끝난 후
판문점을 통해 돌아왔다. 그 일로 남북 관계가 더욱 껄끄러웠고 우리나라가
아주 시끄러웠던 때였다. 김 주석과 시내를 둘러보는데 어디를 가나 임수경의
사진이 있었다. 심지어 커피잔에도 사진이 붙어 있었다. 그래서 내가 무심결에
이런 말을 했다.

"이 사람은 정식으로 온 게 아닌데 이렇게 여기저기 얼굴을 붙여놓고
선전하는 건 아니지 않습니까?"

그때였다. 누구였는지 모르지만 옆에 있던 사람이 내 옆구리를 툭 쳤다.

그제야 나 역시 아차 싶었다. 할 말을 마음에 담아두지 못하는 천성인데 어쩌랴!

앞서 얘기했듯이 1991년에 남북 청소년 축구 대표팀이 단일팀을 꾸려 세계청소년축구대회에 나가 8강까지 올랐고 나는 축구협회장인 남편을 대신해 포르투갈에 갔다. 당시 무리하게 활동을 하다 쓰러지는 바람에 경기를 다 마친 단일팀의 해단식에는 참석하지 못했다. 그 일이 있고 얼마 후 몸이 어느 정도 회복되었을 때 북한에 가서 김일성 주석을 만났다. 그분은 내가 아픈 몸을 이끌고 단일팀 뒷바라지를 하다가 사경을 헤맨 사실을 보고받았다며 내 건강을 매우 걱정했다. 그러면서 남편과 나를 데리고 거대한 행사장으로 갔다. 놀랍게도 빨간 옷을 입은 3만 명의 사람들이 모여 거대한 마스게임을 펼쳐 보였다. 우리의 노고를 위로하기 위해서 마련된 행사였던 것이다. 우리를 위해서 이런 특별한 행사를 마련해주는데 가만히 앉아 있을 수 없어 나는 자리에서 일어났다. 반면 옆에 앉은 남편은 일어나지 않았다. 아마 남편은 공식적으로 간 것이라 나중에 문제가 될지도 모른다는 염려를 했던 것 같았다.

그날 저녁 일정을 마치고 숙소에서 쉬고 있을 때였다. 우리 부부가 모두 잠옷 차림이었는데 관리자가 호들갑을 떨면서 들어왔다. "어서 정장을 갖춰 입으세요." 무슨 일인가 했더니 김일성 주석이 끓여 보내라고 지시한 죽이 괜찮았는지 여쭈어보라고 지시하다가 직접 전화 통화를 하겠다고 한 것이었다. 나는 빨리 옷을 갈아입고 전화를 받았다. 김 주석이 물었다.

"죽은 입맛에 맞습니까?"

"네. 맛있습니다."

"몸은 괜찮습니까?"

"네. 괜찮습니다."

"그러면 내일 금강산은 가나요?"

"네. 갑니다."

북한에서는 김일성 주석이 워낙 신적인 존재였기에 어려운 분이었다. 하지만 두 번 세 번 만나면서 정이 드는 건지 혹은 나의 대범한 성격 때문인지 조금씩 친밀해졌다. 당시 연세가 여든을 넘은 할아버지이기도 했던 그분이 강조하던 말이 있었다.

"조국은 하나입니다."

당신이 젊은 시절에 사상에 따라 북한 사회를 이룩했지만 나이가 드니 우리가 동족이라는 사실을 절감하게 된다고 말했다. 또 동족끼리 정말 잘살아야 하고 그래서 만주의 고구려 땅도 중국에서 되찾아야 한다는 점을 자주 얘기했다. 나는 정치적인 의미나 이념적인 부분이나 국제 관계에 대해 세세히 알지는 못했다. 다만 여러 차례 김 주석을 만나면서 인간적인 면에서 연민을 느끼게 되었다. 김 주석은 주석궁에서 살고 있었다. 청와대보다도 더 큰 집에서 그분 혼자 지내는 것이 내심 안쓰러웠다.

"왜 이렇게 큰 집에서 혼자 사세요?"

"나도 여기 살고 싶지 않은데 우리 아들이 여기 있어야 한다고 하네요."

우상화된 한 인간의 생활이란 고독한 것이다. 그래서인지 내가 북한에 가면 반가워하며 당신이 먼저 스스럼없이 나를 끌어안았다. 나도 겉치레 인사로 안았는데 그걸 보고 사람들이 깜짝 놀랐다. 어떻게 감히 그분의 몸에 손을 대느냐는 것이었다. 북한 사람들에게 김 주석은 신이나 마찬가지이지만 내가 보기에 그는 홀로 갇혀 사는 분이었다. 늘 공식적인 사람들만 만나고 밥을 먹으니 관계나 생활이 굉장히 형식적이었다.

남편은 젊어서부터 귀가 어두웠다. 하도 비행기를 오래 타서 청력이 약해졌던 것이다. 김 주석 역시 귀가 어두웠다. 귀가 잘 안 들리는 두 사람과 커다란 테이블에 떨어져 앉아 있으니 대화가 제대로 통하지 않았다.

"아휴, 이리 좀 가까이 붙어 앉으세요. 말이 안 들려서 고함을 질러야 하니 제 목이 아픕니다."

북한 방문 시 김일성 주석과 저녁 만찬을 함께 하고 있는 남편.

언젠가는 남편 혼자 갈 계획이었는데 나까지 들어오라고 갑작스레 연락이
왔다. 그래서 잡아놓았던 약속을 취소하고 부랴부랴 베이징에 갔던 적이 있다.
나를 기다리느라 비행기가 이륙하지 못하고 있었다.

내가 김일성 주석을 마지막으로 만난 것은 1994년 6월 중순이었다. 당시
북한에서는 단군릉을 복구하는 작업이 한창이었다. 그동안 북한은 단군의
존재를 부정하고 있었다. 그런데 북한의 학자들이 평양에 있는 단군릉에서
단군의 유골이 발견되었고 단군은 신화 속 인물이 아닌 실존 인물임이
증명되었다고 했다. 이를 두고 북한이 경제난으로 이탈하는 북한 주민을
붙잡고 체제를 유지하기 위한 역사 날조 공작이라고 보는 시각도 있었다.
어쨌든 내가 북한에 갔을 때 고조선 시대의 무덤 형식에 맞게 돌무덤이 재건
중이었다. 나는 김일성 주석과 그 현장을 둘러보았다. 단군릉의 입구가 너무

좁고 무너질 것 같았다. 그래서 그 문을 좀 더 크고 위엄 있게 만들면 좋겠다는 의견을 내기도 했다.

당시 북한은 국제적으로 난처한 상황이었다. 국제원자력기구IAEA가 영변을 비롯한 일곱 곳의 핵 처리 시설을 사찰했다. 그런데 북한이 핵 사찰을 방해하는 등 핵 개발을 강행한다는 인상을 주어 세계적으로 북한 핵 문제에 대한 위기의식이 팽배했다. 그래서인지 우리와 함께 있던 자리에서 김일성 주석이 직접 그 문제를 설명하기도 했다.

"우리는 절대 핵은 안 합니다. 핵의 재료는 만들지만 핵을 보유하진 않습니다. 재료는 있어도 핵은 절대 아닙니다."

김 주석은 몇 번씩 강조했다. 우리가 평양에 있을 때 마침 카터 전 미국 대통령이 왔다. 경제 제재와 같은 대북 제재 움직임이 가시화되는 등 북한이 국제적인 압박을 받던 와중에 미국 클린턴 정부의 특사 자격으로 온 것이었다. 그날 김일성 주석과 카터 전 대통령이 세 시간에 걸쳐 회담했다는데 아마 김 주석의 생각을 거듭 강조하지 않았나 싶다. 어쨌든 김 주석과 카터 전 대통령의 대화로 그때까지 북한에 대한 부정적 시각이 불식되어 미국과 북한의 관계에 새로운 전기가 마련되었다.

남편과 나는 우리대로 일정이 끝나서 숙소로 돌아가다가 우연히 카터 전 대통령이 탄 차와 스쳐 지나갔다. 당시 평양 거리엔 차가 없었다. 그날 저녁 김일성 주석이 우리를 다시 오라고 했다. 가보니 머리가 헝클어진 채로 조금 피곤한 기색이었다. 그전에는 기운이 펄펄했는데 의외의 모습이었다. 대동강 배에서 지미 카터 일행에게 저녁을 대접한 후 다음 날 떠나는 우리에게 작별 인사를 하기 위해 부른 것이었다. 아무리 기운이 좋아도 여든의 노구인지라 몸이 무척 힘든데도 손님들에게 당신 나름대로 최선을 다했다. 내가 걱정되어 한마디 했다.

"너무 그렇게 피곤하게 일을 하시지 마세요."

"그래도 나를 보러 온 손님인데 내가 최대한 해드려야 하는 거
아닙니까?"

주석궁을 나올 때 내 손을 잡고 물었다.

"또 오실 거죠? 인제 가면 못 오는 건 아니죠? 11월 3일에는 꼭 오실
거죠?"

11월 3일은 단군릉이 복원됨을 알리는 개천절 행사가 치러지기로 되어
있었다. 왜 그랬는지 김 주석은 다음 행사에 참석해달라고 신신당부했다.
그리고 우리를 태운 차가 안 보일 때까지 물끄러미 서 있었다. 곁에 다른
사람이 아무도 없었다. 혼자서 뒷짐을 지고 내려다보던 모습을 차 뒤창으로
보는데 왠지 가슴이 뭉클했다.

우리가 북한을 다녀오고 보름 만에 김일성 주석이 돌아가셨다. 그리고
1년 후 북한을 방문했을 때 그분의 묘를 참배했다. 그분의 묘는 중국
마오쩌둥식으로 지었다고 했다. 지하에 어마어마한 규모로 지어진데다 그 모습
또한 장관이었다. 공식적이든 비공식적이든 지금까지 나의 방북은 모두 정부의
허락하에서 이루어진 일이다. 북한에 다녀오면 찍었던 사진이며 받은 물건들을
모두 정부에 신고하고 내놓아야 한다. 가끔 안기부(지금은 국정원)에서 찾아와
북한에 관해 묻기도 했다.

북한에서 본 것 중 기억에 남는 것이 몇 가지 있는데 간식으로 가져다준
북어 생각이 자주 난다. 노가리 같기도 한 북어는 그 어디에서도 맛보지
못한 맛이었다. 침대 머리맡에 간식거리로 새끼 북어가 깨끗이 다듬어져
놓여 있었다. 먹어보니 아주 맛있어서 금방 접시를 비웠다. 빈 접시는 다시
정성스럽게 바로바로 채워주었다. 떠나는 날, 조금 남아 있어서 가지고 가면 안
되느냐고 했다. 그러자 그렇게 하라면서 챙겨주었다.

지금도 가슴 아픈 광경은 나무가 하나도 없는 민둥산들이었다. 산에
나무가 전혀 없었다. 옛날에 전쟁을 겪고 초근목피로 연명할 만큼 가난했을

때 우리나라에도 나무가 없었다. 먹을 게 없으니까 나무껍질을 벗겨 먹고
나무란 나무는 모두 잘라다가 땔감으로 써야 했기 때문이다. 나라가 너무나
황폐해지니 급기야 박 대통령이 입산금지령을 내릴 정도였다. 그런 때도
사람의 눈을 피해서 조금씩 나무를 잘라가곤 했다. 북한의 상황이 1960년대
우리와 비슷했는지 나무가 보이지 않았다. 당시 북한 경제가 그리 좋은 편은
아니었을 것이다. 그런데 요즘 소식을 들으면 북한의 경제 상황이 그때보다도
더 안 좋다고 하니 참 걱정스럽다.

거제의 아이들을 위한 학교

남편은 내가 무얼 하겠다고 하면 무조건 안 된다는 말부터 했다. 병원도 그랬고
골프장도 그랬다. 생각해보니 나도 역시 그랬다. 남편이 회사를 차린다고
했을 때도 반대했고 나중에 새로 무엇을 한다고 하면 "안 돼." 하고 반대했다.
남편이 조선소를 하겠다고 할 때도 마찬가지였다. 우리는 서로에게 야당이었다.
　　"여보, 우리는 섬유로 성공했으니 그걸 계속 발전시킵시다. 왜 남이
하다가 안 돼서 포기한 걸 한다고 그러세요?"
　　거제도 옥포만에 있는 옥포조선소는 대한조선공사가 1973년부터
건설하던 100만 평 규모의 초대형 조선소였다. 건설 첫해 1차 오일쇼크가
발생하고 활발하던 조선업계가 불황을 겪으면서 건설 3년 만에 공사가
중단되었다. 1977년 정부는 제3차 경제개발계획의 하나로 중공업을 육성하고
있었다. 옥포조선소를 어떻게 할지 고심하다가 결국 자금 조달과 경영 능력이
뛰어난 업체에 다시 맡기기로 했다. 현대와 대우 중에서 어느 업체로 할지
경쟁이 붙었던 것 같다.

노태우 대통령과 김옥숙 여사가 거제 대우학교를 방문했다.

　　남편은 나에게 안 하겠다고 대답했다. 그런데 얼마 후 대우가
옥포조선소를 인수하기로 했다는 신문 기사가 났다.

　　"조선업이라는 게 해외에서 수주를 받아 와 수출하는 건데 자네가 안
하면 누가 해?"

　　박 대통령이 자금 혜택을 주겠으니 사업을 맡도록 권했던 것이다. 1978년
9월 대우조선이 설립되고 옥포조선소 건설이 재개되었다. 나는 전보다 더욱
힘들어졌다. 집에 사람들이 수도 없이 드나들었기 때문이다. 외국 사람이
오면 집으로 초대하는 게 으레 당연한 일이 되어 일주일에 5~6일을 손님을
치러야 했다. 내가 아무리 힘들다고 하고 가족들이 불편을 겪어도 남편은 국가
차원에서 결정된 것이니 어쩔 수 없다며 불도저같이 사업을 추진하기 바빴다.
돌이켜보면 옥포조선소 인수가 대우의 경영을 악화시킨 주요 원인이 되었던 것

한창 일에 몰두하던 시절. 얼굴이 검게 그을려 있다.

같다. 남편의 고집을 꺾을 수 없는 나는 그저 바라만 볼 수밖에 없었다.

남편은 회사 일로 바빴고 나는 아이들 육아에 지쳐갔다. 여자는 집에서 살림 잘하고 아이 잘 키우는 게 최고라고 여겼던 시절이다. 나도 무언가 내 일을 하고 싶다는 열정이 현실에 대한 실망으로 바뀌고 있었다. 그러던 어느 날 남편이 나에게 거제에 있는 학교를 맡으라고 했다. 나는 정신이 번쩍 들었다.

옥포조선소에 내려가 보니 그 규모가 어마어마했다. 바다를 메워 육지를 조성한 갯벌이 120만 평이었다. 그 위에 100만 톤급의 도크와 900톤의 골리앗 크레인이 웅장하게 서 있었다. 조선소가 준공된 후에는 해외의 기술자를 포함해 수많은 인력이 거제도에 와 일을 해야 했다. 그러려면 아파트, 학교, 슈퍼마켓 등 필요한 시설들이 많았다. 도시가 하나 새로 만들어지는 것이나 다름없었다. 남편이 내게 맡으라던 학교는 바로 조선소 직원들의 자녀들을 위한 것이었다. 당시 거제에는 거제여중과 거제고등학교가 있었다. 재단인 지성학원은 마침 운영난에 처해 있었다. 자연스럽게 학원을 인수했고 재단 이사장으로 취임했다. 나는 조선소 직원들의 자녀들뿐만 아니라 거제의 아이들이 꿈을 키우며 즐겁게 생활할 수 있도록 좋은 교육 환경을 만들어주고 싶었다. 처음 시작하는 일이었지만 두렵거나 떨리지는 않았다. 잘하고 싶었다. 그리고 늘 바라마지 않던 기회였기에 신나기도 했다.

원래 있던 학교들을 둘러보았다. 기존에 있는 학교 말고도 초등학교와 유치원을 더 지어야 했는데 그곳은 부지가 별로 마음에 들지 않았다. 좋은 학교 대지를 물색하던 중 마땅한 곳을 찾았다. 뒤에는 산으로 둘러 있고 앞에는 바다가 시원하게 내려다보였다. 조선소도 훤히 보였다. '아버지들이 땀 흘리며 도크에서 커다란 배를 완성하고 그 멋진 배가 바다를 향해 당당히 진수되는 모습을 보며 우리 아이들은 어떤 꿈을 꿀까?'

아버지들의 조선소를 내려다보며 열심히 공부하는 아이들을 상상하는 것만으로도 행복해졌다. 학교 대지로 그만큼 더 좋은 곳이 없다고 확신했다.

나는 미국식의 편리하고 예쁜 학교를 짓기 위해서 이탈리아 디자이너와 함께 외국의 학교를 여러 곳 방문했다. 건물은 어떤 구조인지, 어떤 공간이 어떻게 배치되는지, 건물 밖은 어떻게 꾸며져 있는지 하나하나 눈여겨보았다.

일단 한 학급당 학생 수를 줄였다. 당시 서울엔 콩나물시루라고 할 만큼 학급당 학생 수가 많았다. 우리는 한 반에 40명씩 들어가게 했다. 외국 학교에서 인상 깊었던 것은 학생들을 위한 자유 공간이었다. 우리나라 아이들은 주로 교실에서 생활한다. 교실 외에 있을 곳이 없었기 때문이다. 그런데 외국에는 학생들이 소그룹으로 모여 토론하는 등 자유롭게 활용할 수 있는 공간이 많았다. 거제의 우리 아이들에게도 그런 공간을 제공하고 싶었다. 또한 키가 작은 학생들이 뒤에 앉아도 칠판이 잘 보일 수 있게끔 계단식 책상을 갖추었다. 미국식 강의실의 모습이었다. 계단과 화단도 소홀히 하지 않았다. 거제가 낙도이다 보니 선생님들이 흔쾌히 근무하려고 하지 않았다. 그래서 월급을 올리는 등 교사들에게도 좋은 여건을 제공하려고 노력했다.

3만 평의 대단위 학원 단지 조성공사는 1982년 3월에 시작되어 이듬해인 1983년 3월에 1차 준공이 끝났다. 그때 대우국민학교, 거제중학교, 거제고등학교가 새롭게 선보였다. 그 외에도 옥명, 옥포, 옥림 세 개의 유치원을 설립하고 외국인 기술자 자녀들을 위한 대우외국인학교도 개교했다. 대우조선의 학교는 조선소 자녀들뿐만 아니라 거제의 아이들 모두를 위한 것이다. 나는 아이들의 미래에 도움을 준다는 생각으로 아주 열심히 일했다. 나중에 대통령에게 칭찬받는 학교가 되어 더 뿌듯했다.

전두환 대통령 내외가 옥포조선소를 방문했다. 조선소를 둘러보고 선박의 명명식을 한 후 대우국민학교에도 들렀다.

"와, 기업체에서 학교를 이렇게 잘 만들어 놓았어요? 놀랍다! 다른 회사들이 모델로 삼았으면 좋겠다."

당시는 정권이 바뀐 지 얼마 되지 않아 어수선한 때였다. 대우실업이

거제 대우학교를 방문하여 아이를 안아주며. 아이들을 위한 최고의 학교를 만들고 싶었다.

옥포조선소를 인수해 조선, 해운업에 진출한 것은 박정희 대통령 때 일이었다. 그런데 정권이 바뀌니 조선소 정상화를 위한 정부 약속이 바뀌는 등 어려움이 적지 않았다. 그런 상황에서 대우가 좋은 학교를 지어서 지역 사회에 이바지한다는 인상을 대통령에게 심어준 것은 매우 다행스러운 일이었다. 아마 남편 역시 흡족했을 것이다.

서울힐튼호텔을 경영하게 된 후에도 한 달에 한 번 정도는 거제에 내려갔다. 학교 운영은 잘되는지 아이들이 공부는 열심히 하는지 내려가서 선생님들과 얘기하곤 했다. 운동장에서 아이들이 천진하게 뛰어노는 모습을 보는 게 참 좋았다. 가끔 연말에는 친구들까지 끌고 내려가 아이들과 놀다 오곤 했다. 그런데 내가 직접 책임지고 해야 할 일들이 많아지면서 학교를 들여다보는 일이 점점 어려워졌다.

그렇게 한동안 신경을 못 쓰다 어느 날 학교에 가보고 깜짝 놀랐다. 내가 학교를 새로 지었을 때 염두에 두었던 교육적 이념들이 훼손되다 못해 사라져버렸다. 학교 옆으로 대우의 사원 아파트가 빽빽이 들어차 학교의 조망을 모두 막아버렸다. 바다도, 조선소도 내려다보이지 않았다. 아이들이 꿈을 꾸고 상상을 할 만한 시각적 여유가 사라진 것이 무척 속상했다. 아이들을 위한 자유 공간도 제대로 활용되지 않았다. 폐쇄되어 창고처럼 변해버린 그곳을 보니 실망스럽기 짝이 없었다. 학교 안까지 차가 드나들어 등하굣길 아이들의 안전을 위협하고 천편일률적인 입시 위주로 교육하는 점 등 학교에 대한 실망이 이만저만한 게 아니었다. 재단 이사장으로서 꿈과 포부가 누구보다 컸고 애정 또한 많이 쏟았기에 실망이 큰 것인지도 모르겠다. 나 역시 내게 주어진 많은 일을 하느라 학교를 살뜰히 챙기지 못한 점도 미안하고 안타까웠다.

전두환 대통령이 다녀간 얼마 후 현대와 포철(현재 포스코) 관계자가 찾아와 학교를 둘러보고 갔다. 당시 대우와 현대와 포철이 경쟁 관계에 있는 회사이다 보니 육영사업 등 경영 이외의 영역에서도 경쟁한 것이다. 오늘날에는 그들이 우리보다 더 세밀하게 잘 운영하고 있다. 학교 설립과 운영에 애정을 기울여왔던 나에게는 안타까운 일로 남아 있다.

가족을 닮은 인연들

아마 1994년쯤이었을 것이다. 선재를 잃고 난 후의 일이다. 어느 날 TV를 보고 있는데 선재와 똑같이 생긴 배우가 나왔다. '어쩌면 우리 선재와 저렇게 닮았을까?' 선재가 살아 있다면 꼭 저 모습이었을 것 같았다. 배우 이병헌 이야기다.

우연히 유인촌 전 문화부 장관의 소개로 식사를 함께 하게 되었다. 그때 "우리 선재와 너무 닮아서 우리 아들 했으면 좋겠다."라고 한 말이 와전되어 대우그룹의 김 회장 부부가 배우 이병헌을 양아들로 삼았다는 기사가 연예계 소식으로 보도되었다. 남편이 기사를 보고 불같이 화를 내었다. "아니, 아들이 둘이나 살아 있는데 무슨 양아들이야?" 선협이와 선용이도 "우리가 있는데 양아들이라니." 하면서 내심 섭섭해하는 눈치였다. 양아들이라는 의미는 법적인 의미의 양아들이 아니다. 지금이야 대 스타이지만 1994년에는 막 데뷔한 신인이었다. 이병헌은 대우의 광고모델로도 많이 활동했다. 당시에는 광고모델의 이미지가 안 좋아서 그랬는지 처음에는 안 하려고 했다. 이병헌의 엄마가 설득했던 기억이 난다. 하지만 대우의 광고모델로 활동하면서 인지도를 높였고 수입에도 도움이 되었을 것이다. 몇 년 전 이민정과 결혼하고 집에 초대되어 가본 적이 있다. 이민정이 살림도 잘하고 야무진 것 같았다. 지금도 가끔 식사도 하면서 인연을 이어오고 있다.

정광모 전 소비자단체협의회장과 함께. 우리는 친자매처럼 함께 여행을 많이 다녔다. 정 회장은 2013년에 돌아가셨다.

지금은 돌아가셨지만 친언니처럼 믿고 의지했던 분이 있었다. 정광모 회장이다. 정 회장은 『한국일보』 기자 출신으로 여성 기자 최초로 청와대에 출입한 실력파 기자였다. 그녀가 한국일보에 근무할 때 우리는 처음 만났다. 성격이 괄괄하고 대쪽 같아서 주변 사람들이 다 무서워했다. 한국일보를 그만둔 후 소비자 운동에 뛰어들어서 한국소비자연맹 회장을 역임했다. 당시 소비자연맹의 파워는 엄청났다. 지금처럼 인터넷이 없던 시절이니 연맹에서 지적을 당하면 언론에 대서특필되었고 기업의 타격은 이만저만이 아니었다. 대우 제품에 대해서도 가끔 나쁜 평가를 하곤 했다. 나는 "공정하게 하세요. 세게 하세요."라고 말하곤 했다. 우리의 친소관계가 연맹의 활동에 영향을 미쳤다고 생각하지는 않는다. 그녀의 올곧은 성품을 알기 때문이다.

그녀는 평생 독신으로 살았다. 혼자 살다 보니 명절만 되면 밥 한 끼 같이 먹을 사람이 없어서 심심해했다. 그래서 명절 때마다 우리 집에 초대하여 함께 식사하곤 했다. 왜 그녀가 그리 편했는지 모르겠지만 그냥 편했다. 나를 재벌 회장 부인, 힐튼호텔 회장으로 대한 것이 아니라 인간 정희자로 대해주어서 그랬던 것 같다. 대화도 스스럼없이 했고 속내도 많이 털어놓았다. 그렇게 편하게 지내다 보니 골프도 같이 치고 잠도 같이 자고 해외여행도 같이 다녔다.

그녀는 2013년에 갑자기 세상을 떠났다. 당시 소비자연맹 사무실은 한남동에 있었는데 위층에 살림집이 있었다. 보통 열 시면 사무실에 나오는데 그날은 열두 시가 되어도 출근을 하지 않았다. 직원이 이상해서 집에 가보니 침대에서 떨어져 피를 흘리며 쓰러져 있었다. 그때나 지금이나 가끔 신문 지면에 보도되는 고독사였다. 바로 병원에 갔더라면 살릴 수도 있었는데 혼자 살다 보니 사고를 당해도 챙겨 줄 사람이 없었다. 친언니처럼 의지했던 그녀가 죽고 나서 나의 외로움은 더 깊어졌다. 남편이 하늘나라로 간 후 더욱 생각나는 분이 정광모 회장이다.

3장

나의 인생을 살다

1988년 7월 대우조선 사내 체육대회 행사에서 남편과 함께.

1985년 남편이 연세대에서 명예 박사학위를 받던 날.

다시 태어난다면

내 인생 대부분은 김우중이라는 남자와 만나서 결혼하여 산 세월이다. 우리 부부는 1964년에 결혼했으니 그가 2019년에 고인이 되기까지 55년을 함께 살았다. 그중 대부분의 세월 동안 남편은 해외로 지방으로 다니면서 회사 일에만 매진했기에 함께한 시간보다 남편을 기다렸던 시간이 더 많았다. 남편이 평범한 월급쟁이로 시작하여 재계 2위 대우그룹을 일구기까지 감당해야만 했던 나의 인내는 상상하기 어려울 것이다. 그런 나에게 '아이들'과 '일'은 선물과도 같은 존재다.

남편은 일과 결혼한 것처럼 거의 집 밖에서 살았다. 그러다 보니 나는 젊은 시절 외로움과 남편에 대한 원망으로 숱한 날들을 보냈다. 오롯이 나 홀로 참고 견뎌내야만 하는 세월이었다. 그 세월을 견뎌 내지 못했다면 지금의 나의 모습은 없었을 것이다. 그래서 힘들다고 하소연하는 사람들에게 내가 늘 하는 말이 있다. '버티고 견뎌라.'

지금은 결혼해 자녀를 셋이나 둔 막내아들 선용이는 "엄마는 21세기 신사임당이야."라고 종종 말한다. 그가 생각하는 신사임당은 일과 가정을 완벽하게 양립한 인물이다. "엄마처럼 바깥일 열심히 하면서 아버지 내조와 자녀 교육에 모두 철저한 엄마는 드물 거야."라고 한껏 치켜세운다. 그러나 나는 속으로 말한다. '선용아, 너는 아는지 모르겠구나. 신사임당은 실제로 남편의 외도 때문에 괴로워했고 여성으로는 행복하지 못했단다.' 그런 면에서 남편은 신사임당의 남편하고는 달랐다. 평생 여자 문제라고는 전혀 없었다.

아이들은 엄마가 우리들의 엄마이기도 하지만 아버지와 사업 동업자였다고 말한다. 동업자인 아내는 월급을 줄 필요도 없고 사업자금을 떼일 염려도 없으니 이렇게 안전하고 막 부릴 수 있는 파트너가 어디 또 있을까? 예를 들면 이런 식이다. 사업 초기에는 사채를 빌려 오고 외국 바이어들과 직원들을 위하여 밥을 해서 먹이는 것이 나의 중요한 일이었다. 남편이 그렇게 해주길 원했다. 회사가 번창할수록 나의 영역은 확대되어 갔다. 해외 수출을 하기 위하여 새로운 나라에 진출할 때 남편이 먼저 다녀온다. 그리고 다음에 나를 보낸다. 나는 현지로 가서 그 나라의 문화와 생활상을 파악해서 남편에게 알려준다. 현지에 갔을 때 제일 먼저 가는 곳은 시장이었다. 그 누구의 설명도 필요 없이 현지의 생활과 문화를 여실히 보여주기 때문이다.

남편은 현지 사정에 대하여 내가 무어라고 말하면 "알았어." 하고 한마디 말로 끝내지만 나의 안목을 높이 평가하니 나를 보내곤 했으리라. 막내 선용이는 이렇게 당시를 기억하고 있다. "대우가 새로운 국가에 진출하기 위해서는 그 나라 지도자와 친해져야 하잖아요. 어머니가 그런 친밀한 관계를 잘 만든다고 생각하셔서 항상 같이 가길 원했던 것 같아요." 내가 없었으면 아버지 혼자서 대우그룹을 키우는 것이 불가능했을 거라고도 했다. "아버지는 직선적으로 회사와 일 이야기만 하고 어머니는 진솔하게 사람 사는 이야기를 하시면서 대화를 부드럽게 이끌어가는 역할을 했어요."

친밀한 관계를 만들어내야 직원들이 일하기 편하다고 했다. 나는 그 이야기를 들은 후에는 남편을 위해서, 회사를 위해서 더 열심히 따라다녔다. 나중에 내가 힐튼호텔을 경영한 이후로는 베트남, 미얀마, 헝가리, 체코, 루마니아에 대우 사업장이 진출하면 호텔도 함께 패키지로 들어가곤 했다. 남편은 내가 더 잘한다고 생각하는 부분은 다 맡겼다. 호텔과 문화와 미술에 관한 것은 철저하게 나의 몫이었다.

"다시 김우중과 결혼하겠는가?"

옛날이나 지금이나 가장 많이 듣는 질문 중의 하나다. 이런 질문을 받을 때 참 난처하다. 그냥 미소만 짓지만 속으로는 이렇게 말하고 있다. "다음 생에는 자상한 남편과 결혼하고 싶어요." 다시 태어나면 일밖에 모르는 김우중과는 결혼을 안 할 것이다. 일에 바빠 그랬겠지만 나에게는 정말 곁도

1996년 프랑스 레지옹 도뇌르 훈장 수훈 후 행사장 뒤뜰에서 남편과 함께. 레지옹 도뇌르 훈장은 나폴레옹 1세가 만든
프랑스 최고의 훈장으로 남편은 한국과 프랑스 경제협력 증진에 기여한 공로를 인정받아 수상하였다.

내주지 않았다. 하루에 단 한 번만이라도 다정한 눈길을 주기를 바랐을
정도로 무심한 남편이었다. 말수가 없어서 더욱 그랬을 것이다. 곁눈조차 주지
않았을 때는 매일 출근할 직장이 있는 것이 고마울 정도였다. 건강하던 내가
갑자기 병마가 찾아와 건강이 안 좋아졌을 때도 남편은 곁에 없었다. 몸은
점점 더 아팠고 곁을 지켜줄 남편의 따뜻한 눈빛과 손길이 그리웠다. 남편도
본인의 저서 『세계는 넓고 할 일은 많다』에서 가정에 무심한 남편임을 스스로
고백했다.

"한 해에 200일이 넘는 날을 해외에서 보냈다. 거기에다가 국내에서의
잦은 지방 출장까지 계산하면 집에서 지내는 날은 더욱 줄어든다. 내 생일은
물론 아내나 아이들의 생일까지도 깜빡 잊고 넘어가기 일쑤다."[1]

"나는 대우의 성공과 발전을 위해서 사생활을 희생한 사람이다. 나는
사업을 위해 가정에서의 행복을 희생했다. 처음에는 늘 불만투성이던 아내도
이제는 포기했는지 잠잠하다."[2]

남편이 책에서 공개적으로 가족에게 무심함을 밝혔을 정도면 실제로는
어땠을까? 우리 부부가 평생 한 스킨십보다 1년 동안 병원에서 했던 스킨십이
더 많았다. 심지어 언젠가 삼성의 홍라희 여사를 만났는데 "요즘 김 회장님과
금실이 좋다고 소문났어요."라고 했다.

남편은 2019년 내내 병원에 입원해 있었다. 식사도 제대로 못 하는
상태였다. 기억도 가물가물하고 귀도 잘 안 들렸지만 내가 오면 무척
반가워했다. 남편은 나를 보통 엄마라고 불렀다. 결혼 초기에는 부끄러워서
여보 소리도 서로 못 했다. 그냥 "김우중 씨" "정희자 씨" 이렇게 불렀던
시절도 있었다. 그는 죽기 직전에는 나를 엄마라고 불렀다.

"엄마, 왔구나!"

---

1 『세계는 넓고 할 일은 많다』(김우중 저, 북스코프, 2018) p.104
2 『세계는 넓고 할 일은 많다』(김우중 저, 북스코프, 2018) p.159

당당하고 패기 있게 세계를 누비던 남편이 늙고 병들어 누워만 있었다. 젊었을 때는 눈길 한 번 안 주던 남편은 병실에서 내가 오기만을 기다렸다. 나는 아이같이 반가워하며 해맑게 웃는 그가 가엽고 애처로워 들어서자마자 볼에도 이마에도 뽀뽀하고 안아준다. 평생 안 하는 애정 표현을 늙고 병들고서야 하니 아이들은 로맨스가 늦게 꽃피웠다고 놀린다. 내가 병원을 떠나면 "엄마, 언제 올 거야?" 하고 날짜를 확인하려 들었다. 며칠 안 오면 간호사들에게 하루에도 몇 번씩 엄마 언제 오느냐고 묻는다고 했다.

나는 남편이 병원에 입원하던 날, 완치되어 걸어서 퇴원할 수 없으리라는 예감이 들었다. 예감은 틀리지 않았다. 그 정도로 그의 건강 상태가 좋지 않았다. 그래서 더 병원에 자주 갔고 조금 더 오래 머물면서 마지막 시간을 함께하려고 노력했다. 작은 병실 안에만 있는 작고 마른 그가 안쓰러웠다. 전 세계를 누비고 휘저으며 일했던 그의 마지막 장소는 침대 하나 있는 작은 병실이었다. 그나마 스스로 다행이라고 되뇌었던 것은 그가 개인 재산을 털어서 지은, 그의 손길이 남아 있는 아주대 병원에서 치료를 받고 그 병실에 누워 있다는 것이다.

1999년의 일이다. 정희자 힐튼호텔 회장이 대한주부클럽연합회가 주관하는 제31회 신사임당상 수상자로 선정됐다는 언론 기사가 발표되었다. 대한주부클럽연합회는 단체명이 2013년 한국여성소비자연합으로 변경되었지만 아직도 계속 이 상을 주는 것으로 알고 있다. 신사임당이 누구인가? 학식과 지혜를 갖춘 여성인데다가 율곡의 어머니이기도 하다. 한참 신나게 일을 하고 있을 때 상을 받았기에 인정을 받은 것 같아서 무척 기뻤다. 당시 연합회는 "정 회장이 현대미술에 대한 지식과 안목으로 국내 최초의 민간 현대미술관을 설립하고 우리 문화를 세계에 알리기 위해 국제 교류를 도모해온 공로로 금년도 신사임당상에 추대됐다."라고 밝혔다.

사실 상이라는 것이 생각해보면 별거 아니다. 특히 요즘은 상이 하도

1999년 대한주부클럽연합회가 주관하는 제31회 신사임당상을 받았다. 시상식에서 축사를 읽으며 남편이 눈물을 흘렸다.

많다 보니 주변에 상을 받는 사람이 한둘이 아니다. 하지만 상이라는 것이 또 묘한 데가 있다. 상을 받고 나면 과거의 나의 발자취를 한 번 돌이켜보게 되고 앞으로의 나를 채찍질하게 된다. 신사임당상도 그랬다. 특히 나처럼 살아온 생보다 살아갈 생이 짧은 사람에겐 더하다.

우연히『대통령의 글쓰기』저자 강원국 작가의『한국일보』인터뷰 기사를 읽었는데 우리 부부 이야기가 나왔다. 기사를 읽고 나서야 '아 이런 일이 있었구나!' 하고 떠올릴 정도로 20년 전의 기억이 가물가물하다. 그때 무슨 일 때문에 다투었는지 기억도 나지 않는다. 강원국 작가의 글을 인용해본다.

'제가 글로 울리는 데는 좀 자신이 있어요. 김우중 회장도 한 번 울렸죠. 부인인 정희자 여사가 (1999년) 신사임당상을 받게 됐어요. 그러니 부군이자 전경련 회장이었던 김 회장이 가서 축사해야 했거든요. 그런데 무슨 일 때문이었는지는 몰라도 당시 김 회장이 방배동 자택을 나와서 호텔에서 지냈어요. 당시에 관계가 안 좋았던 거죠. 그래서 상부에서 저에게 한 지령이 '여사를 울려야 한다'였어요. 스트레스를 받으며 축사를 썼죠. 그런데 김우중 회장이 그걸 읽다가 우신 거예요! 그게 더 감동적이었죠. 아내의 희생과 헌신 그리고 고마움을 절절하게 썼죠. (웃음) 그날 저녁에 축하연도 했거든요. 시상식에 오지 않은 분들까지 초대해서. 그런데 김 회장이 그 축사를 다시 갖고 오라고 했어요. 마음에 들었던 거죠. 그러고는 축하연에서 읽으면서 또 우셨어요.'

정 여사를 울려야 한다고 했는데 정작 나는 안 울고 남편이 울었다. 한창 젊고 바빴을 때 무뚝뚝한 남편은 한 번도 내게 수고했다고 직접 말한 적이 없다. 그런데 축사에 감동한 것을 보니 강 작가의 글솜씨에 감동했든가, 나의 보이지 않은 수고에 감동했든가 마음속으로는 둘 중 하나는 인정하고 있었나 보다. 축사 내용 일부를 인용해본다.

'우리는 살면서 정말 소중한 사람에 대한 고마움을 잊고 지나치는 경우가 많습니다. 때로는 바쁘다는 핑계로 때로는 더 중요하다는 일이 있다는 이유에서입니다. 셋방살이부터 시작한 지난 30년 동안 월급쟁이의 아내로서, 사업가의 내조자로서, 네 남매의 어머니로서, 또 능력 있는 경영인으로서 묵묵히 희생하며 자신의 할 바에 최선을 다해 온 아내에게 고맙다는 말 변변히 건네지 못하고 마음의 빚만 키워온 저에게 오늘 이 자리는 각별한 의미를 가집니다. 알면서도 모른 채 마음속으로만 아껴둔 아내에 대한 칭찬과 고마움의 표현을 이번 신사임당 수상이 대신해주었기 때문입니다.'

꿈 많은 처녀와 안경 쓴 예쁜 남자

어린 시절을 보낸 조용한 시골 경주를 뒤로하고 서울로 올라와 대학 생활을 시작했을 때는 일말의 해방감이 없지 않았다. 캠퍼스의 낭만을 꿈꾸기도 했을 것이다. 하지만 그런 기대는 이내 깨졌다. 당시 시국은 무척이나 어수선했다. 한국전쟁 후 집권한 이승만 정권의 부정부패와 실정으로 데모가 끊이지 않았다. 경주에서는 라디오의 뉴스나 사람들을 통해 간접적으로 듣던 소식을 서울에 와서는 바로 옆 친구의 생생한 증언으로 듣게 되고 학교와 거리에서 그러한 상황을 수시로 부딪치게 됐다. 처음엔 신기했지만 나중에는 좀 피곤해졌다.

처음 대학 생활을 시작하며 내가 머릿속으로 그린 미래는 뚜렷했다. 인테리어 디자이너가 되기 위한 경험과 지식을 쌓고 그걸 바탕으로 열정적으로 일하며 인정받는 전문인으로 성장한다는 것이었다. 하지만 배움에 대한 나의 열의는 뜨거워지는 데 반해 학업은 늘 지지부진했다. 휴강에 또 휴강. 나는 거듭된 휴강으로 맥이 빠졌다. 그렇다고 데모에 휩쓸리기는 싫었다.

사실 대학에 입학해서도 진로에 대한 고민이 여전히 해결될 기미가 보이지 않는다는 데 적잖이 실망했다. 만약 당시 어떤 성취를 느낄 만큼 학업에 진전이 있었더라면 유학까지 결심하지 않았을지도 모르겠다. 결국 진로와 학업에 대한 거듭된 나의 고민은 미국 유학으로 자연스럽게 결론지어졌다. 나는 종로에 있는 ELS라는 영어학원에 등록해 영어 공부를 시작했다.

그러는 사이 시국은 또 다른 국면으로 접어들고 있었다. 말도 많고 탈도 많았던 이승만 정권이 학생들 주도의 4·19혁명으로 막을 내리고 윤보선 대통령과 장면 정부가 들어선 지 얼마 되지 않았을 때다. 박정희 장군이 이끄는 5·16 군사 정변이 일어났다. 서슬 퍼렇던 혁명 정부가 들어서며 대학가에는 일제히 휴교령이 떨어졌다. 이렇듯 시위와 휴강 그리고 휴교령으로 얼룩진 대학 생활에도 어느덧 끝이 왔다.

졸업할 무렵 우리 집안은 어느 정도 안정을 찾아가고 있었다. 안정이라기보다는 아버지가 돌아가신 후의 변화된 생활에 적응하게 되었다는 표현이 적절할 것이다. 시집간 큰언니는 아픈 몸으로도 조카를 낳고 용케 결혼 생활을 해나가고 있었다. 남동생도 어느덧 대학생이 되어 있었다. 어머니는 내가 대학을 졸업하자 은근히 좋은 집안에 시집을 가길 바라는 눈치였다. 큰아버지가 우리나라에서 다섯 손가락 안에 드는 광산기업을 운영하는 집안이니까 내로라하는 가문에 줄을 대자면 얼마든지 그럴 수 있는 일이었다. 하지만 나는 연애는 물론이거니와 결혼엔 관심이 없었다. 유학을 떠나 나 자신의 꿈을 실현하고 싶은 생각뿐이었다. 집안도 이제 좀 안정된 것 같으니 내 인생을 찾아 나가면 되겠구나 싶기도 했다. 유학 준비를 졸업 후에도 계속했다. 1년여를 한결같이 영어 공부를 하고 있었다. 그러던 어느 날 어머니가 나를 붙들고 성화를 냈다.

"더는 노는 꼴은 못 보겠으니 취직이라도 하려무나."

이미 사촌오빠에게 취직자리를 말해두었다고 하셨다. 어머니의 성화도 성화였지만 나 역시 유학 준비를 하는 데 시간을 좀 벌어보자는 심사에서 못 이기는 척 취직하게 되었다. 큰아버지 회사인 대명광업의 전무였던 사촌오빠 사무실에 비서로 일하며 나름 재미나게 직장 생활을 해나갔다. 일에 재미를 붙일 만하자 어머니는 결혼하라고 채근했다. 당시 시대 상황으로 봤을 때 나는 노처녀 중의 왕 노처녀였다.

요즘은 결혼을 안 하고 자기 일을 갖고 자기 인생을 즐기는 여성들이 수두룩하다. 하지만 그때는 생각도 할 수 없는 일이었다. 어머니는 자식을 낳아 키우고 출가시켜야 비로소 부모 된 도리를 다한 것이라는 생각이 굉장히 강했다. 어머니를 비롯한 집안 어른들의 성화는 날로 심해져 갔다. 집안에 행사가 있어 친인척이 한꺼번에 모이면 되도록 사람들 눈에 띄지 않도록 몸을 피하는 등 나도 모르게 위축이 되었다.

"배울 만큼 배웠고 인물도 번듯한데 무엇이 부족해 결혼하지 않는 것이냐?" 하며 몰아세웠다. 어머니의 마음을 이해 못 하는 것은 아니지만 나는 나대로 힘들었다. 나는 가정을 꾸리기보다 자아실현에 더 욕심이 있었다. 그런 나를 이해해주는 사람이 주변에 없다는 것은 참 서글픈 일이었다. 누군가 나의 뜻에 힘을 실어주고 지지해주면 얼마나 좋을까 하는 마음이 들었다. 그럴 때면 돌아가신 아버지 생각이 났다.

'아버지라면 내 뜻을 존중해주실 텐데. 아버지가 살아계셨더라면 나를 밀어주셨을 텐데.' 이런 생각이 깊어질 즈음 뜻밖의 인연과 만나게 되었다.

친한 친구가 아이 백일잔치를 한다고 초청해 친구들과 함께 갔다. 그 집에는 친구의 남편 쪽 동창들도 와 있었다. 백일잔치가 끝나고 친구네 집을 나서는데 누군가가 나를 불러 세웠다. 남편 쪽 친구 중 하나였다. 무슨 일인가 싶어 쳐다보는 나에게 그는 잠깐 한 번 좀 만났으면 좋겠다는 말을

눈빛이 강렬한 청년 김우중. 배경은 이탈리아 로마인 듯하다.

해왔다. 그제야 나는 작은 키에 안경을 낀 그 남자를 자세히 보았다. 친구네 집에선 관심 있게 살펴보지 않아 잘 몰랐는데 안경 속 눈매며 얼굴이 제법 예쁘장했다. 그의 눈에는 총기가 있었고 최소한 굶진 않을 것 같았다. 하지만 나는 속으로 고개를 절레절레 흔들었다.

'이 사람은 아니야.'

단호하게 거절하고 뒤돌아섰다. 대수롭지 않게 여기고 집으로 돌아왔는데 다음 날 내 친구의 남편에게서 연락이 왔다. 백일잔칫날 잠깐 봤던 안경 낀 그 남자에 관해 이런저런 얘기를 하는 게 아닌가. 경기고등학교와 연세대 경제과를 나와 한성실업에서 일하는 엘리트라면서 만나보라고 권했다.

"그렇게 쓱 보고 끝날 일이 아니니 한 번만 만나 봐요. 내 얼굴을 봐서라도."

내가 시큰둥해하자 내 친구까지 나서서 설득했다. 당시 내 친구 남편이 보험회사에 다니고 있었는데 그 사람 회사하고 거래가 있었던 모양이다. 그래서 친구 남편으로서는 그의 부탁을 무시할 수 없어 나를 설득하려 나섰던 것이다. 나는 친구와 그 남편까지 나서지 않았더라면 그를 절대 만나지 않았을 것이다. 사실 나는 세상 남자 중에 안경 낀 사람을 가장 싫어했다. 왠지 성격이 차가울 것 같았기 때문이다. 특히 안경 너머로 사람을 유심히 관찰하는 것 같아 더더욱 싫었다. 그 시절에는 안경 낀 사람이 지금처럼 많지도 않았다. 이런 선입견은 나만 가졌던 것이 아니다. 당시엔 안경 낀 사람은 택시 기사가 안 태워준다는 말이 있을 정도였다. 이쪽저쪽에서 안경 낀 그 남자와 다시 만나보라고 하니 난감했다. 그런데다 내가 상사로 모시고 있던 사촌오빠와도 경기고 동창이라 너무 야박하게 대하는 것도 도리가 아니라는 데까지 생각이 미치자 한발 물러섰다.

'사람 한 번 만나는 게 무슨 죽을 일도 아니고. 그래 한번 만나보자.'

예단으로 만든 도시락 주머니 두 개

옆 사람들 등쌀에 내 고집만 피우기 뭣해서 커피나 한잔 얻어먹자고 나간 것이 결혼으로 이어지리라고는 꿈에도 생각지 못했다. 마뜩잖은 마음으로 그와 마주 앉았는데 만나자마자 느닷없이 한다는 말이 기가 막히게도 이랬다.

"우리 결혼합시다!"

하도 황당해서 그의 요구를 조롱하듯 결혼의 조건을 따져 물었다.

"조건이 뭐예요? 나는 아주 오랫동안 유학 준비를 해왔어요. 조만간 떠날 거예요. 그러니 결혼 같은 것은 할 수도 없고요. 사실 하고 싶지도 않아요."

나의 맹랑한 대꾸에 그는 뜻밖의 반응을 보였다.

"내가 교육을 우선으로 여기는 집안에서 자라서인지 당신이 공부 욕심을 내는 것이 무엇보다 마음에 듭니다. 나 역시 계속 공부를 하고 싶어요."

나는 새초롬한 눈빛으로 시큰둥하니 앉아 있다가 그를 다시 보았다. 그의 말에 마음이 움직였다. 아버지가 돌아가신 후 자아실현에 대한 갈망으로 유학을 염두에 두고 준비를 하고 있었다. 그런 내게 격려를 건넨 이는 많지 않았다. 오히려 폼만 잡고 돌아다닌다고 냉소하는 주변의 시선 때문에 마음에 상처를 많이 입었다. 그런데 차갑고 깐깐할 것 같은, 안경 낀 이 남자가 내 생각을 이해하고 찬성하는 것이 놀라웠다. 아니, 반가웠다.

"하지만 여자 혼자서 어떻게 남의 나라에 가서 그 힘든 공부를 해나갈지는 잘 모르겠네요. 다행히 내가 지금 다니는 회사가 조만간 미국에 지사를 설립할 것이니 결혼 후 그때 나와 함께 미국으로 건너가 공부를 하면 어떻겠습니까?"

남편이 낮에 회사에서 근무하는 사이 나는 학교에서 열심히 공부하고 주말에는 올망졸망한 아이들과 함께 근처 공원으로 피크닉을 나가 한 주간의 피로를 씻으며 오순도순 생활하는 삶. 나는 그의 제안에 나도 모르게 달콤한 상상을 하고 있었다. 그런 상상을 하고 보니 그가 샐러리맨이라는 사실이 오히려 마음에 들었다. 큰아버지를 비롯해 우리 아버지까지 모두 자기 사업을 했던 터라 사업이 흥하면 좋지만 한 번 망하면 그 고초가 얼마나 무서운지 경험했다. 그래서 남편감으로는 사업가보다 안정적인 샐러리맨이 좋겠다고 생각하던 차였다. 절대 이 사람은 아니라는 나의 첫 생각이 바뀌니 마음에 드는 점들이 하나둘 발견되었다. 결국 나는 그의 진지한 모습에 평생 기다려온 구세주를 만난 기분이 들고 말았다. "그럼 한번 생각해보죠."

일주일 후 그에게서 연락이 왔다. "생각해보셨나요?" 하지만 나는 여전히 마음을 굳히지 못한 상태였다. 결혼 후 미국으로 함께 건너가 공부를 하자는 제안에 귀가 솔깃해진 것은 사실이었다. 그렇다고 두 번 만난 사람과 어떻게 결혼을 약속한단 말인가. 유학이야 몇 년이면 끝나지만 결혼은 평생이 걸린 문제 아닌가. 마침 내가 상사로 모시던 사촌오빠가 그와 학교 동창이었다. 그래서 주변 사람들을 통해 그에 대해 이것저것을 전해 들을 수 있었다. 제주도 태생인 그의 아버지는 6.25 전쟁 직전 제주도지사로 일했는데 전쟁이 터지자 피난을 하지 않고 서울에 남아 있다가 인민군에게 납북되었다. 그 후 어머니 혼자 5남매를 어렵게 키우셨는데 형제들을 모두 반듯하게 공부시켰다. 사촌오빠는 이 남자가 지식인 부모님 밑에서 가정교육을 잘 받고 자랐고 명문 경기고와 연세대 상대를 나와 무역회사에서 열심히 일하고 있으니 남편감으로서 괜찮지 않으냐고 한 번 더 만나보고 결정하라고 야단이었다.

"조선호텔 앞에 있는 커피숍에서 만나요."

주변 사람들 등쌀에 하는 수 없이 세 번째 약속을 잡았다. 이번에는 형부를 대동했다. 다른 자리에 앉아 사람을 좀 봐달라고 부탁했던 것이다. 그와 나는 커피를 마시며 세상 돌아가는 얘기며 앞으로 하고 싶은 것에 관한 얘기를 두 시간 정도 한 뒤에 헤어졌다. 사무실로 돌아왔더니 사촌오빠가 어땠느냐고 물었다. 나는 여전히 잘 모르겠다고 대답을 했다. 그런데 커피숍에 있었던 형부에게서 연락이 왔다.

"그만하면 사람 괜찮더라. 그래서 장모님께 좋은 사람 만난 것 같더라고 말씀드렸더니 굉장히 좋아하시던걸? 이제 처제 시집가겠다고 말이야."

그런데 얼마 후 뜻밖의 얘기를 듣게 되었다. 조선호텔 앞 커피숍에서 만났을 때 그 사람이 자기 어머니와 형수를 모시고 와서 나를 선보였다는 게 아닌가. 내가 형부한테 봐달라고 했던 것처럼 말이다.

"그래서 어른들이 뭐라 하시던가?"

사촌오빠가 관심 있게 묻자 그 사람은 천연덕스럽게 이렇게 대답했다.

"좀 세게 생겼지만 여자는 괜찮은 것 같더라고. 그런데 우리 형수님이 그러는데 오른쪽 눈 위에 흉터가 있다고 도련님은 얼굴 자세히 봤느냐고 물어보기에 그런 것 없다고 했지."

그 얘기를 듣고 나는 내심 놀랐다. 어릴 때 까불고 놀다가 무슨 사고를 쳤는지 할머니한테 안 붙들리려고 도망을 쳤는데 그때 우물 뚜껑 모서리에 부딪힌 적이 있었다. 그때 생긴 흉터가 커서도 남아 있었다. 그걸 그의 형수가 발견한 모양이었다. 지금 생각하면 정말 신파 같은 이야기다. 어쨌든 우리는 한 번 더, 한 번 더 하면서 네 번을 만나고 약혼 날짜를 잡게 되었다. 1964년 2월 10일 외교구락부가 있던 지금의 동보성 중국집에서 양가가 모여 간단하게 약혼식을 올렸다.

그런데 이 남자 성격이 어찌나 급한지 약혼식이 끝나자마자 빨리 결혼식을 하자고 나서는 것이었다. 우리 어머니는 그래도 여자가 시집을 가려면 준비할 것도 많으니 금방은 어렵다고 다독였지만 요지부동이었다. 자기가 미국에 급히 가야 하니 빨리해야 한다면서 덜컥 날짜를 잡아 왔다. 남들이 안 하는 날이라 두루두루 편할 거라며 그는 신이 나서 쪽지를 내밀었다.

'1964년 4월 4일'

폐백을 준비하며.

집에 가서 보여주니 어머니가 결혼 날짜는 여자 집에서 잡아야 하는데 왜 남자 집에서 잡느냐고 야단이었다. 시댁에 알아보니 남편 될 사람이 마음대로 정한 것이라며 그쪽에서도 난감해했다. 그의 고집대로 날짜가 정해지자 하는 수 없이 우리 집에서는 서둘러 나의 결혼 준비에 착수했다. 어머니와 언니가 이것저것 준비하느라 바쁜 모습을 옆에서 지켜보면서 나 역시 분주해졌다. 우리 때는 신부 수업의 일종으로 시집갈 때 꼭 배워야 할 것들이 있었다. 김치 담그는 법을 비롯해 간장, 된장, 고추장 같은 부엌살림에 꼭 필요한 장류 담그는 법을 익혀야 했다.

그런데 시댁에서 예단과 관련해 한 가지 특이한 주문 사항이 있었다. 다른 것은 몰라도 여름용과 겨울용 도시락 주머니를 만들어오라는 명령 아닌 명령이 내려진 것이다. 당시 양은 도시락은 크기가 큰 것과 작은 것

금혼식에서. 1964년에 결혼해 55년을 같이 살았다. 젊었을 때는 일하느라 바빠서 얼굴 보기가 힘들었다. 남편은 세상을 뜨기 몇 년 전 인터뷰에서 아내와 같이 시간을 못 보낸 것이 제일 안타깝다고 말했다.

두 종류였다. 나중에 알게 되었지만 이 남자는 하루에 도시락을 두 개 챙겨 출근하는 사람이었다. 점심용으로 하나, 저녁용으로 하나. 일찍부터 종일 일할 태세를 갖춘 사람이었다. 그래서 그가 쓰고 있는 도시락을 빌려 치수를 재고는 부랴부랴 뜨개질을 시작했다. 결혼 날까지 불과 한 달밖에 남지 않은 때였다. 시간도 촉박할 뿐만 아니라 시댁에 보일 예단인 만큼 예쁘게 만들어야 한다는 생각에 여러 날 밤늦게까지 구부린 채 뜨개질을 했다.

우리는 결혼 얘기가 나온 지 두 달 만에 약혼과 결혼을 뚝딱 해치웠다. 나는 결혼이 여자에게 선녀의 날개옷인 줄만 알았다. 특히 남편이 내게 약속한 결혼의 모습이 무척이나 근사한 것이기에 결혼만 하면 내 꿈을 향해 훨훨 날아오를 수 있으리라 기대했다. 참 세상 물정 모르고 천진난만했다.

결혼하고 나서 어느 날 시누이가 방에서 작은 상자를 가지고 나오더니 건네주었다. 시누이의 남편은 서울대 경영대 윤석철 명예교수다. 윤 교수는 한성실업에서 장학금을 받고 대학을 다녔다. 남편이 한성실업에 근무할 때 장학금 담당이어서 알게 됐다고 한다. 미국에서 전기공학과 경영학 박사를 두 개 받을 정도로 명석한 분이다. 처남이 대우 회장인데도 대우에 오지 않고 학자의 길을 지킨 천생 학자인 분이기도 하다.

"이게 무엇이에요?"

"오빠가 연애하던 여성과 주고받은 편지예요."

아마 나와 만나기 전 그 여성과 사귀다가 헤어진 모양이다. 왜 헤어졌을까? 듣기로는 그 여성이 영국에 유학하러 가는 바람에 자연스럽게 헤어지게 되었다고 했다. 『김우중과의 대화』에 그녀와의 헤어짐이 자세히 기록되어 있다. 사람들은 시누이가 연애편지 상자를 준 것을 알고 기분 나쁘지 않았느냐고 많이 묻는다. 그런데 난 전혀 기분이 나쁘지 않았다. 오히려 재미있었다. 과거는 과거일 뿐이고 현재 우리는 함께 살고 있으니까.

그러고 보면 나는 굉장히 현실적이고 무던한 성격인 것 같다. 그 편지 상자를 잘 간직하고 있었는데 어느 날 사라졌다. 이사 다니다가 분실한 것 같다. 그 상자가 없어진 걸 알고 남편 과거의 추억이 사라진 것 같아 아쉬워했다.

잃어버린 구두와 보기 힘든 얼굴

남편과 나의 첫 보금자리는 동교동에 있는 시댁의 문간방이었다. 아궁이에 군불을 지피고 저녁에 씻고 누우면 다리를 제대로 펼 수 없었던 2평이 채 안 되는 작은 방이었다. 18평의 주택에서 시어머니와 형님 내외, 시누이와 시동생, 그리고 우리 부부까지 일곱 식구가 같이 살았다. 결혼하면서 혼수로 가지고 간 자개장을 들여놓을 데가 없었다. 마당에 두어야 했는데 비라도 오는 날이면 자개장 속 이불이나 옷들이 젖을까 싶어 비닐 씌우기에 바빴다.

남편이 근무하는 한성실업에서 직원들에게 제공하는 사택으로 이사하기 전까지 시댁에서 6개월 동안 살았다. 그 기간 나는 자연스레 시댁의 분위기를 익힐 수 있었다. 새벽같이 일어나서 식구들 아침을 준비하고 출근과 등교를 도왔다. 낮에는 시어머님과 형님과 함께 집안일을 거들었다. 남편은 결혼하고 얼마간 아홉 시쯤 퇴근했다. 나는 남편을 기다리다 지쳐 있는데 시누이와 시동생은 "기적이다! 새색시 보러 일찍 집에 들어왔네." 하며 손뼉을 치고 웃으면서 놀렸다. 하지만 그것도 잠깐이었다. 한 달이 지나니까 점점 퇴근이 늦어졌다. 어떤 날은 아예 통금이 지나고 새벽에 들어오는 날도 있었다. 남편만을 기다리는 아내의 생활이 시작되었다. 밤늦게 어머님의 얘기를 듣고 있으면 남편에게서 전화가 왔다. 전화가 아주 귀하던 시절이었으나 시댁에는 용케도 전화가 있었는데 남편은 퇴근 때면 집으로 전화했다. 신촌까지만 도로가 포장되어 있고 그 외엔 진흙밭이었다. 장화 없이는 집까지 걸어올 수가 없어 마중을 나오라는 것이었다. 남편이 탄 택시가 도착하면 나는 가지고 간 장화를 택시 문 앞에 놓았다. 남편은 택시에서 내리면서 신고 있던 구두를 벗고 장화로 갈아 신었다. 그러던 어느 날 남편은 벗어놓은 구두를 택시 안에 그냥 두고 내렸다. 결혼할 때 해주었던 가죽 구두였다. 지금에야 널린 게 가죽 구두이지만 당시는 가죽 구두가 굉장히 귀했다. 예물로 준 귀한 구두를 그렇게 허무하게 잃어버린 것이 속상하고 가슴이 쓰렸다.

신혼 초기에 나는 저녁마다 남편의 전화를 기다렸다. 마치 사랑하는 남자와 데이트 약속을 기다리는 처녀처럼 설렜다. 그도 그럴 것이 남편을 마중하는 그 시간이 우리 부부가 바깥에서 갖는 둘만의 오붓한 데이트

휴가지에서. 남편이 사진 찍기를 싫어해서 함께 찍은 사진이 많지 않다.

시간이었기 때문이다. 우리는 장화를 신고 진흙탕 길을 찌그럭찌그럭 걸으며 이런저런 얘기를 나누었다. 그때나 지금이나 남편은 그리 말수가 많은 사람이 아니었던지라 내가 이런저런 얘기를 떠들곤 했는데 아마도 내가 결혼하고 나서 점점 남편을 좋아하게 된 것은 그 때문인 듯싶다.

결혼 전 나는 나 아닌 다른 누군가에게 특별히 친밀함을 느낀 적이 별로 없었다. 나에게 어머니나 마찬가지였던 할머니가 돌아가신 이후에는 특히 더 그랬다. 친정어머니와는 어렸을 적부터 모녀간의 따뜻한 정이 없었다. 어느 정도 큰 다음에는 공부 문제와 결혼 문제로 사사건건 부딪쳤다. 이성에겐 더더욱 그런 감정을 느낄 기회가 없었다. 그런데 결혼하니 남편이라는 존재가 크게 다가왔다. 어린 시절부터 나 자신을 여자로 여기지 않고 자랐다. 하지만 남편을 기다리는 나는 어쩔 수 없이 천생 여자였던 것이다. 그 시절을 생각하니 지금 하늘나라에 있을 그가 더욱 그리워지고 보고 싶다.

결혼하고 1년쯤 되었을까? 우리는 동교동 시댁에서 미아리 문화주택으로 이사했다. 미아리 문화주택은 남편이 근무하던 한성실업의 직원용 사택이었다. 당시 과장이었던 남편의 월급에서 얼마를 떼어 내 사택 납부금으로 넣었다. 군불 지피던 문간방에서 연탄 때는 신식 주택으로 이사한다고 해 기대가 제법 컸다. 우리만의 신접살림 공간이 생긴다는 것이 좋았다. 하지만 막상 생활해 보니 여러모로 힘든 점이 많았다.

방 두 칸에 부엌이 집 안에 있는 신식이라고는 하나 십구공탄 아궁이가 셋이었다. 연탄은 바깥에서 피워서 가지고 들어가야 했다. 아궁이가 셋이나 되다 보니 겨울이면 연탄불 살피고 시간에 맞춰 연탄을 가는 것이 중요한 일이었다. 여름이면 물난리는 또 얼마나 고생스럽던지. 한성실업 사택은 미아리 공동묘지를 메워 지은 주택이었다. 특히 우리 집은 길에서 네 계단 내려가는 아래쪽에 위치해서 홍수가 나면 그야말로 한강이 되어버렸다. 누런 똥물이 집으로 쏟아져 들어오면 이불을 장롱 가장 높은 곳에 올리기 바빴다. 사나흘

후 집 안에 들어찬 물이 빠지면 젖은 이불이며 옷가지를 빨아 말리느라
정신이 없었다. 시어머님을 1년 반 정도 우리 집에 모시고 있었다. 하지만 이런
일들은 누구의 도움도 없이 나 혼자 해내야 했다. 게다가 나는 결혼 3개월
만에 임신해서 미아리 사택으로 이사 와 큰아이 선정이를 낳았다. 첫아이를
출산하고 또 얼마 안 되어 연년생으로 임신한 상태였다. 몸과 마음이 힘들고
고달팠다.

내가 집 안에서 아이 낳아 키우고 밥하고 빨래하며 시어머니를 모시는
생활을 정신없이 해나가는 동안 남편은 바깥에서 승승장구했다. 한성실업
입사 6년 만에 임원으로 승진할 정도로 자신의 일에 매진했다. 회사에 출근할
땐 잠깐이라도 얼굴이나마 볼 수 있었지만 외국으로 출장을 나가버리면
그것으로 끝이었다. 둘째를 임신한 몸으로 큰애를 둘러업고 물지게를 지어
나르는 모습을 보고 남편 없이 여자 혼자 고생한다고 이웃들이 측은하게
바라볼 때 나 자신이 그렇게 처량할 수 없었다.

멋쟁이 신여성 나의 시어머니

내게는 부모님만큼이나 잊을 수 없는 분이 한 분 더 계시다. 바로 시어머니
전인항 여사다. 신혼 시절 시댁과 함께 살던 때 늦은 시각까지 남편을
기다리면서 시어머님과 단둘이 마주 앉는 일이 많았다. 그러면 남편이
개구쟁이였던 어린 시절 이야기, 납북되어 생사를 알 수 없는 시아버님 이야기,
형제들 키우며 고생한 이야기, 때로는 어머님의 결혼 전 연애담까지 이런저런
옛날이야기를 들을 수 있었다.

시아버님은 경성대 교육과를 나와 대구사범학교 교장, 서울대 교수,

시어머니에게 폐백을 드리고 있다. 시어머니는 이북 출신으로 평안도 영변에서 태어나 이화여전 5회 졸업생이었다.
시아버지가 납북된 후 혼자 5남매를 키우느라 모진 생활고를 겪어야 했다.

문교부 장학관, 그리고 제주도지사를 지낸 뛰어난 엘리트였지만 아버님께서 납북된 다음에는 어머님 혼자 5남매를 키우느라 모진 생활고를 겪어야 했다.

내가 시집갔을 당시에도 시댁은 공부가 끝나지 않은 시동생 둘이 있는 상황이라 학비 뒷바라지로 생활이 빠듯했다. 그나마 형님 두 분과 남편이 학업을 마치고 사회생활을 하면서 조금 나아진 것이라 했다. 형제들이 모두 공부하던 때는 얼마나 어려웠을지 짐작하고도 남음이 있었다. 시집을 가서 놀란 점이 있다면 시댁이 너무너무 가난하다는 것과 그럼에도 시어머니가 참 지적이고 멋쟁이라는 것이었다. 차림새가 멋스럽다는 것이 아니다. 경우가 바르고 생각과 행동이 존경스러운 분이었다.

시어머니는 평안도 영변에서 태어난 이북 출신으로 이화여전 5회 졸업생이었다. 언젠가 시어머님이 당신 어렸을 적에 공부한 얘기를 들려준 적이 있다. 할아버지가 "여자가 공부는 무슨 공부냐?" 하면서 노발대발하여 이북에서 서울로 공부하러 왔다가 붙들려 가길 여러 차례. 그럴 때마다 친정어머니가 다시 공부하러 내려가라면서 물 버리는 구멍으로 옷과 가방을 내주었다는 것이다. 그렇게 완고한 조부님의 반대를 뚫고 어렵사리 신여성 교육을 받아서인지 어머님은 끼니는 걸러도 공부는 꼭 해야 한다는 생각이 확고했다.

그래서 남편이 한국전쟁 때 북에 납치된 이후 극빈한 생활로 내몰렸을 때도 자식들 교육은 포기하지 않았다. 큰아주버님(관중)은 육군사관학교를 나와 군대에 들어갔다. 둘째 아주버님(덕중)과 내 남편이 열여섯, 열네 살로 한창 공부할 나이임에도 끼니 걱정에 돈 벌 궁리를 하는 것을 보고 어머님은 안 되겠다 싶어 일자리를 얻기 위해 평소 시아버지와 교분이 있던 이교순 상공장관을 찾아갔다. 뭐든 할 테니 일자리를 하나 얻어달라고 간청하여 일하게 된 곳이 조선방직의 공장 수위실이었다. 공장에서 일하는 엄마의 젖을 먹으러 오는 젖먹이들을 돌보면서 여공들이 수유 시간을 잘 지켜 작업에 지장이 없도록 감독하는 일이었다.

엄마 젖을 먹으려고 공장에 찾아온 젖먹이들은 영양실조로 고개조차 가누지 못한 경우가 다반사였다. 그 어머니들 역시 소금과 된장이 발린 보리 주먹밥으로 겨우 끼니를 해결하다 보니 젖이 충분할 리 없었다. 젖먹이들은 젖먹이들대로 아무리 빨아도 젖이 안 나와 울고 어머니들은 자식한테 젖을 충분히 못 줘서 안타까워 우는 아비규환이었다.

당시 어머님의 연세가 쉰이었다. 유복한 집에서 태어나 신여성 교육을 받고 엘리트 남편과 결혼해 살다가 서민들의 처참한 생활을 직접 목격한 것이다. 어머님은 그 일을 말씀하실 때마다 불쌍한 사람들이 세상에 그렇게 많은 줄 몰랐다고 탄식했다. 아마도 당신 역시 자식들 뒷바라지를 위해 처음으로 생활 전선에 뛰어들어야 했기에 그 처절함을 피부로 느꼈을 것이다.

사람들이 시집살이 때문에 고생한 적이 있느냐고 많이 묻는다. 한국에서는 시집살이가 오랜 관습처럼 남아 있으니 궁금해할 만도 하다. 대답은 늘 똑같다. "우리 어머님은 한 번도 시집살이를 시킨 적이 없으세요." 시집살이는커녕 상대방에 대한 배려가 넘치셨다. 나중에 해외 출장 갈 기회가 많아졌을 때 나도 모르게 어머님의 선물을 제일 먼저 살 정도로 어머님을 좋아했다. 어머님은 작은 선물 하나도 그냥 넘기는 법이 없었다. "이거 우리 며느리가 사줬어요!" 하며 교회에서나 아는 분들에게 며느리 칭찬을 하셨다. 참으로, 삶의 지혜가 뛰어난 분이다. 어머님이 돌아가신 지 벌써 40년이 넘었다. 어머님을 존경하는 마음은 여전히 내 마음속에 깊게 남아 있다.

"어머님, 사랑하고 존경합니다. 하늘나라에서 편히 쉬시기를 며느리가 기도할게요."

댓돌 밑에 숨겨둔 몽둥이

'남자로 태어났더라면 내 인생이 어떻게 달라졌을까?'

대한민국에 태어난 여성이라면 누구나 한 번쯤 이런 상상을 해봤을 것이다. 아들로 태어났더라면 내 인생은 훨씬 평탄했을 것이다. 내가 이렇게 생각하는 이유는 단지 남자를 선호하는 풍습 때문만이 아니다. 내게는 끝없이 샘솟는 강인한 힘이 있었다. 한 남자의 아내이자 아이들의 어미로 살아가는 삶만으로는 만족할 수 없었던 그 무엇. 특별한 사람이 되고 싶고 뭔가를 갈구하게 만드는 그 무엇. 흔히 열정이라 불리는 그 뜨거운 힘은 평생 나를 따라다니며 때론 나를 몸부림치게 했고 때론 나를 전 세계를 누비고 다니며 내 꿈을 펼치게끔 했다. 내 가슴에 활활 타오르던 그 불꽃 같은 힘의 근원을 생각하며 어머니가 나를 품고 있던 그때로 거슬러 올라가 본다.

나는 1940년 서울 종로구 청진동 278번지에서 태어났다. 때는 일제강점기였지만 내가 첫울음을 터뜨리기 전까지만 해도 우리 집안은 평안했다. 아버지는 광산업을 하는 형님들의 도움으로 작은 광산을 운영하고 계셨고 살림 솜씨 야무지고 음식 솜씨 좋은 어머니와 사이에서 아들 둘과 딸 셋을 낳고 제법 다복하게 생활했다. 부모님은 연이은 딸들의 출생으로 이번만큼은 아들이 태어나길 간절히 바랐다. 하지만 그런 기대는 내가 태어나자 여지없이 무너졌다. 여자의 직감이었을까? 나를 낳고 어머니의 낙심이 무척 컸는데 공교롭게도 얼마 후 아버지는 밖에서 사내아이를 낳아 데리고 들어왔다. 옛날 기방에는 견습 기생이 정식으로 기생이 되기 위해 첫 서방을 맞이해 머리를 얹어야 하는 관례가 있었다. 그런데 아버지가 평양 기생의 첫 서방이 되어 머리를 얹혀준 것이 아이까지 얻게 되었던 모양이다. 이 일로 착하고 헌신적이었던 어머니는 크게 분노했고 아버지와 어머니의 불화가 시작되었다.

어린 시절을 떠올리면 기억나는 장면이 어머니가 댓돌 밑에 커다란 몽둥이를 숨겨놓고 아버지가 집에 들어오면 가만 안 두겠다고 벼르던 모습이다. 언젠가 좀 컸을 때 우리 형제들끼리 이런 얘길 한 적이 있다. 엄마랑 아빠는 학식이나 외모나 여러 면에서 대조된다는 것이었다. 철없는 얘기였지만 집안이나 생김새 그리고 학식 등 여러 면에서 아버지와 어머니는 차이가 크게 났다. 아버지는 와세다대 졸업생인데 어머니는 초등학교도 졸업을 못 했다. 전혀 어울릴 것 같지 않은 두 사람이 결혼하게 된 데는 아버지 쪽 가계에 대한 설명이 조금 필요하다. 이것은 내가 아주 어렸을 적에 외할머니에게 들었던 내용이라 정확한지는 잘 모르겠다.

아버지가 일본 와세다대에서 공부하는 동안 고향에서는 아버지의 누님인 고모님 혼자서 농사짓고 부모님을 공양하느라 고생이 이만저만이 아니었다. 그런데 같은 동네에 부지런하고 음식 솜씨와 바느질 솜씨가 좋기로 소문이 자자한 처자가 있었다. 보통학교도 졸업 못 했고 한글만 겨우 깨쳤고 인물도 그저 그런 자그마한 시골 여자였지만 그건 중요하지 않았다. 이 처자가 나중에 우리 어머니가 된 것이다. 고모님은 어머니를 눈여겨보던 끝에 아버지를 호출했다. 결국 아버지는 부모님과 고모님의 강요에 못 이겨 어머니와 결혼을 하게 되었다.

어른들의 뜻에 따를 수밖에 없었던 아버지는 혼례를 올리고 일본으로 건너갔다. 1년이 흐를 무렵 임신한 어머니는 산달이 가까워지면서 일본 생활이 점점 힘들게 느껴졌다. 공교롭게도 때마침 할아버지가 큰아버지를 찾아 집을 떠나고 고향 집에는 할머니 혼자 지내게 되었다. 이런저런 상황이 맞물려 어머니는 무거운 몸으로 일본을 떠나 시댁으로 돌아오게 되었다. 그 이후 어머니의 고생은 말도 못 하게 심했다고 한다. 아들을 낳았다는 기쁨은 잠시였다. 남편도 없이 혼자서 첫아이를 키우며 홀로 남은 시어머니를 모시고 집안의 온갖 대소사를 다 건사해야 했다. 할머니가 중풍으로 쓰러졌을 때는 그 병구완까지 오랫동안 하는 등 막내며느리이면서도 맏며느리의 역할을

신혼여행을 가려고 차를 탔다. 신혼의 단꿈에 젖은 행복했던 시절이다.

해야 했다. 아버지가 공부를 마치고 돌아온 후에야 어머니는 시댁에서 벗어날 수 있었다. 아버지가 광산 일을 도우러 이북으로 가게 되면서 어머니도 함께 따라가게 되었다.

　연일 정씨인 우리 집안은 경상남도에 있는 양동마을에서 시작되었다. 할아버지는 3남 1녀의 자녀를 둔 양동의 중농 규모의 농군이었다. 혼란스러운 구한말과 일제강점기를 거치며 농사만으로는 먹고살기가 평탄치 않자 큰아들인 정일선이 돈을 벌기 위해 보따리를 싸서 만주로 나섰다. 그런데 막상 만주까지는 가지 못하고 함경도에 정착하여 광산에서 일했다. 허우대도 좋고 인물도 시원시원하여 광산의 책임자 눈에 들어 일용직 공원에서 사무국 직원으로 승급하면서 회계 업무를 보게 되었다. 큰아버지는 자리가 잡히자 고향에 있던 아래 동생 정차생을 불러 광산 일을 돕도록 했다.

막내인 아버지는 돈을 벌기 위해 떠난 형들을 대신해 부모님을 모셔야
했으나 공부에 관심이 많았다. 이 이야기를 들은 큰아버지는 부모님 봉양을
누이에게 맡기고 아버지가 일본으로 유학 갈 수 있도록 배려해주었다.

아버지는 대학을 졸업한 후 형님들이 일구어놓은 광산업을 도우러
갔다. 오빠에 이어 큰언니가 태어날 때까지 우리 부모님은 재미있게 살았다고
했다. 사택에서 생활했는데 어머니는 유학까지 다녀온 자랑스러운 남편이
광산 사업을 잘해 나갈 수 있도록 뒷바라지를 하고 아들딸 키우던 그때가
일생에 가장 행복했다고 말씀하신 적이 있다. 어머니는 여자로서 가장 행복한
시절을 누리고 있었다. 반면 아버지는 일본에 가서 농업 공부까지 하고
왔는데 광산업에만 매달리고 싶진 않았다. 크게 번창한 형님들의 광산업을
도와주면서 나름의 포부를 펼치고 싶어 했다. 그래서 아는 분의 소개로 경주에
땅을 사서 그곳에다 농장을 시작했다. 후일 그 농장은 일본에서 활동하던
육종학자 우장춘 박사와 함께 새로운 품종을 개발하고 연구하는 터전이
되기도 했다. 아버지는 크게 번성해가는 광산업을 좀 더 적극적으로 하라는
형님들의 성화에도 불구하고 당신의 소신대로 경주의 농장을 키우려고
노력했다. 아버지의 경주 농장은 각종 채소와 과일은 물론 소와 말도 키우는
등 제법 규모가 있었다.

태평양 전쟁이 끝나고 우리나라가 일본 식민지에서 해방된 이후 이승만
대통령이 일본에서 이름이 높던 농학자 우장춘 박사를 초청했다. 우 박사가
우리나라에 오면서 아버지의 농장도 더욱 활기를 띠기 시작했다. 우 박사는
당시 일본에서 개발된 씨 없는 수박의 씨를 가져와 보급했다. 오늘날 우리가
먹는 배추, 무, 상추 외에도 벼의 품종 개발과 보급에 힘썼다. 아버지는 그와
함께 다양한 품종의 채소와 곡물 재배를 시도하고 수확해나갔다고 한다.
우 박사와 동업을 하게 된 정확한 연유는 모르겠지만 짐작건대 아버지가
일본에서 유학했기에 이런저런 인맥으로 그와 연결된 것이 아닌가 싶다.

짐승 껍질로 옷을, 소가죽으로 신을

경주에 농장을 시작하게 되자 아버지는 서울에 큰 한옥을 마련해서 어머니와 자식들이 거처할 수 있도록 해주었다. 그렇게 이북의 광산과 경주의 농장 그리고 서울의 집 사이를 바쁘게 오가야만 했다. 그러다 보니 아버지가 집을 비우는 시간이 많아졌고 둘째 언니 그리고 나까지 출산하면서 여러모로 힘이 들었던 어머니의 원망은 커져만 갔다.

그 무렵 어머니는 내 바로 아래 동생의 출생 신고를 하려 관공서에 갔다가 호적등본에 낯선 아이의 이름을 발견했다. 놀란 어머니는 아버지를 추궁한 끝에 아버지가 평양 기생의 머리를 얹은 사실을 알게 되었다. 어머니로서는 아버지와 결혼해 온갖 정성을 다해 시댁 어른들을 봉양하고 자식들 키우며 정신없이 살아가는데 정작 남편이라는 사람은 다른 곳에서 살림을 차리고 자식까지 낳았으니 그 배신감과 충격이 얼마나 컸을까? 아버지의 외도는 거기서 끝나지 않았다.

어이없게도 어머니는 집안의 이런 분란이 내가 딸로 태어났기 때문이라고 생각했다. 나만 보면 속이 상해서였는지 아니면 살림하기 바빠서 그랬는지 어린 나를 살갑게 품어 주기보다 철없는 유모한테 떠맡겼다. 결국 나중에는 경주에서 외할머니 손에서 자라게 했다. 이 사람 저 사람 손에 떠맡겨지면서 어린 마음에도 어머니한테 맺힌 것이 많았는지 나 역시 어머니에게 쉽게 정을 주지 못했다. 간혹 어머니가 경주에 내려오거나 내가 서울로 올라가면 할머니 치맛자락만 붙잡고 어머니 곁에는 가지도 않으려고 했다.

당시는 제2차 세계대전의 와중이었다. 일본제국은 대동아전쟁, 즉 태평양전쟁을 일으켜 조선 땅을 병참 기지화하고 있었다. 그 무렵 함경도에서 어머니의 친구 일가족이 전쟁을 피해 서울 우리 집으로 찾아왔다. 어머니의 친구는 이북에서 살 때 알고 지내던 분으로 폐병에 걸린 남편을 대신해 산파 일을 하며 아들 둘에 딸 둘을 키우고 있었다. 그러다 남편은 끝내 세상을 떠났고 전쟁이 터지자 아이들 넷을 데리고 험난한 피난길에 올랐던 것이다. 아버지와 어머니는 안타까운 마음에 산파 아주머니네 가족을 아버지의 경주 농장에 가서 기거하게 해주었다.

나중에 어머니는 그때 일을 두고두고 후회했다. 몇 달 후 어머니가 경주에 내려가 보니 그 아주머니 배가 불러 있었다. 배 속 아이의 아버지는 누구일까? 믿기 어려웠지만 바로 우리 아버지였다. 이 사실을 농장 인부들까지 다 알고 있었다. 어머니는 천지가 개벽하는 충격을 받고는 줄줄이 딸린 자식들을 데리고 서울로 도로 올라갔다. 외할머니, 그러니까 어머니의 친정어머니는 실의에 빠져 자식들 건사조차 힘들어하는 딸자식을 위해 손주 하나라도 맡아주어야겠다는 생각에 셋째인 나를 데리고 경주로 내려갔다. 그것이 내 경주 생활의 시작이었다. 식구들은 모두 서울로 가고 나만 객식구 밑에서 구박을 받는 경주살이였다.

한창 자라나는 아이들의 들끓는 마음을 넉넉하게 포용해줄 자연이 곁에 있다는 것은 정말 중요하다. 내가 이렇게 생각하는 데는 나의 어린 시절 경험 때문이다. 나는 비록 어린 시절 어머니 품에서 듬뿍 사랑을 받으며 자라지 못했고, 불화하는 부모님 사이에서 고민도 많았다. 하지만 드넓은 경주의 산과 들을 마음껏 누비며 어린 시절을 보냈기에 절대 불행하지 않았다. "아들로 태어났어야 하는데."라는 아쉬운 한탄을 들으며 자라서였는지 아니면 어머니가 배 속에 품고 있을 때부터 아들이기를 간절히 바라셨는지 나 역시 여자가 아니라 남자라고 생각하며 자랐다. 그러다 보니 시골 생활이 더욱 흥미진진했는지 모르겠다. 나는 한마디로 시골에서 노는 아이였다. 내가 주로 활개 치고 놀던 곳은 아버지의 농장이었다.

한번은 아버지의 말을 데리고 놀다가 말꼬랑지에 대롱대롱 매달려 장난을 쳤는데 그게 얼마나 신나고 재미있던지! 말이 놀라서 사납게

뒷발질을 해대자 어른들이 사색이 돼서 달려와 우왕좌왕하는 모습을 보는 것도 재미있었다. 다행히 말한테 차이지 않고 탈 없이 바닥에 떨어졌다. 사내아이들하고 누가 먼저 나무를 기어오르나 나무타기 시합을 벌이는 일은 예사였고 사과를 따겠답시고 나무에 기어 올라가 떨어지는 일도 다반사였다. 종일 이 나무에서 저 나무로 어찌나 정신없이 놀았는지 입고 있던 치마가 성할 날이 없었다. 얼마나 옷을 찢어먹고 다녔으면 우리 할머니와 아버지는 "희자는 소 껍질로 옷을 해 입혀야 한다." 하며 혀를 내두를 정도였다.

그렇다고 내가 말썽만 피우고 미운 짓만 한 것은 아니었다. 일찌감치 터득한 어른들한테 사랑받는 나만의 방법이 있었다. 나는 인사성 밝기로 유명한 아이였다. 집에 오시는 어른들한테 인사를 잘했고, 아버지의 영향 때문이었는지 일하는 아줌마 아저씨들한테 먹을 것을 잘 챙겨드렸다. 점심밥이나 새참이 준비되면 밭으로 달려가 "밥 잡수세요." "참 드세요." 하고 소리치는 것도 나의 몫이었다. 농장에서 일하는 사람들한테 밥 먹으라는 말처럼 반가운 소식이 또 있을까. "출출한가 싶더니 벌써 때가 그렇게 됐나." 하며 일손을 놓고 입맛을 다시게 만드는 기분 좋은 메신저, 그게 바로 나였다.

내가 아홉 살이 되던 해에 6·25라 불리는 한국전쟁이 발발했다. 내가 살던 경주 지역도 전쟁의 상처에서 예외가 아니었다. 어느 여름이었다. 때마침 여름방학이라서 서울에서 엄마와 언니들이 내려와 있었다. 무더운 저녁 평상에다 모기장을 쳐놓고 온 가족이 잠을 자다가 갑자기 천지가 진동하는 소리에 잠을 깼다. 소문으로만 전해 듣던 빨치산이 탱크를 앞세우고 우리 동네를 습격한 것이다. 집마다 다니며 지주 계급을 비롯한 소위 반동 세력들을 색출해 내고 있었다. 그 사람들이 우리 집까지 들이닥쳤다.

농장을 소유하고 인부들을 고용했던 우리 아버지 역시 지주 계급이었으므로 처형을 당할 수도 있는 긴급한 상황이었다. 나를 비롯한 식구들은 모두 침통한 얼굴을 한 아버지 뒤에서 겁을 집어먹고 있었다.

무서웠다. 그런데 빨치산 대장에게 누군가(아마 우리 동네 출신의 빨치산 조직원이었던 듯하다.) 우리 아버지는 농민들을 착취한 악질 지주가 아니고 오히려 사람들을 힘닿는 데까지 도움을 준 훌륭한 분이니 처형하지 말 것을 읍소했다. 그 덕분에 아버지는 극적으로 처형을 면할 수 있었고 생사의 갈림길에서 우리 가족 역시 안도의 한숨을 내쉬었다.

다음 날 마을 앞 어귀에는 처형당한 몇 사람의 사체가 걸렸다. 어린애들은 그 근처에 얼씬도 하지 말라고 어른들이 당부했는데 방학이 끝나고 학교에 가는 길에 우연히 그 광경을 목격하게 되었다. 놀랍게도 그 시체들 가운데에는 내 친구의 아버지도 있었다. '만약 우리 아버지가 그때 처형당했더라면 난 어땠을까?' 하는 생각 때문인지 아버지를 잃은 친구의 얼굴을 똑바로 바라볼 수 없었다.

하지만 우리 집의 행운은 그것이 끝이었다. 나에게는 오빠가 하나 있었다. 오빠는 서울에서 중동고등학교를 나와 육군사관학교에 들어갔다. 그리고 임관하자마자 수색부대에 배치되어 지리산 빨치산 토벌 작전에 투입되었다. 어느 날 내가 밖에 나갔다가 오니까 집안이 발칵 뒤집혀 난리가 났다. 어머니가 마당에서 뒹굴뒹굴 구르면서 절규를 하고 있었다. 오빠의 전사 통지서가 도착한 것이다. 오빠가 누구인가. 어머니와 아버지에게는 세상에 그 무엇과도 바꿀 수 없는 장남이었다. 전사 통지서와 함께 동봉되어 온 오빠의 유품 중에는 총알이 뚫고 지나간 서류가 있었다. 불에 그을린 듯 시커먼 자국이 남은 그 종이를 어머니는 평생 품에 지녔다. 기일이 되면 오빠가 묻힌 국립묘지에 가서 한바탕 울고 오곤 했다. 아들을 잃은 아버지의 상심은 생각보다 컸다. 특히 아버지는 아들의 죽음이 당신 탓이라고 자책을 했다. 오빠가 임관하고 집에 왔을 때 "군인은 항상 뒤를 조심해야 한다. 즉 적에게 뒤를 보이며 도망가선 안 된다."라는 말씀을 했다는 것이다. 그래서 아버지는 술에 취하면 당신이 아들을 죽였다고 통곡하며 그렇게 괴로워할 수가 없었다.

원래 아버지는 약주를 즐기긴 했다. 그러나 오빠를 잃은 다음부터 그 시름이 깊어서였는지 폭음이 늘어만 갔다. 마음의 상처와 육신의 쇠약으로 자주 아프시더니 4년 후 간암을 앓다가 세상을 떠나셨다. 아마 내가 중학생 때였을 것이다. 아버지는 서울 위생병원에 입원해 있다가 그곳에서 돌아가셨다. 마지막 임종을 나 혼자만 하게 되었다. 아버지는 돌아가시는 순간까지도 편히 눈을 감지 못하셨다. 당시 큰언니가 폐렴에 걸려 폐에까지 물이 차 몹시 심각한 상태였기 때문이다. 큰아들은 전쟁터에서 죽고 둘째 딸은 아버지를 간호하러 광산에 갔다가 연탄가스로 사망했으니 그 애통함이 말할 수 없이 컸을 것이다.

한국전쟁이 시작되기 전부터 우리 집안에 드리워진 그림자는 아버지의 죽음으로 끝맺음이 되었다. 아버지는 가정생활에서는 이런저런 흠이 있어 처자에게 원망을 듣긴 했으나 실력 있는 농학자인 우장춘 박사와 함께 과학적으로 농사를 지어 없는 사람들을 많이 도와준 유능한 인재였다. 집안에서 운영하는 광산 경영을 소홀히 한다고 큰형님에게 야단을 맞으면서도 결코 자신의 소신을 버리지 않은 분, 자식을 먼저 떠나보내는 통렬한 아픔을 겪어야만 했던 가련한 분이기도 했다. 한창때 아버지는 어린 나를 말에 태워서 농장을 돌며 이런 말씀을 해주었다.

"너는 보통 여자애가 아니다. 짐승 껍질로 옷을 해 입고 소가죽 신발을 지어 신고 다녀야 할 정도이니 말이다. 네가 비록 여자이지만 넓은 세상을 바라보고 높은 뜻을 세워 봐라. 여자라고 약해지지 말고."

아버지 말씀처럼 말의 등 위에서 바라본 세상은 땅에서 걸어 다닐 때와 달리 넓고도 넓었다. 아마 그때가 아니었을까. 여자로 태어났지만 높은 뜻을 품고 그 뜻을 펼칠 수 있으리라는 꿈을 품기 시작한 때 말이다. 아버지는 내게 평생 가슴에 품을 꿈을 심어주시고 마흔여덟이라는 젊은 나이에 돌아가셨다.

경주 벌판을 뛰어놀던 어린 시절. 얼마나 밖에서 뛰어놀았는지 얼굴이 시커멓게 그을려 있다.

어린 나의 든든한 버팀목

쪼그마한 나는 돌아다니며 온갖 말썽과 온갖 심술은 다 부렸다. 그래서 가는 곳마다 잔소리를 들었는데도 뭐가 좋은지 싱글싱글 웃으며 농장을 씩씩하게 돌아다녔다. 그런 나를 사람들은 연민의 시선으로 바라보기도 했다. 사람들 눈에는 내가 어머니가 있는데도 후처 가족 틈에 끼어 사는 딱한 아이였다.

서울에서 살았던 어머니도 그리고 오빠 언니들도 다 나의 처지를 몰랐다. 어린 나이였지만 그래도 자아가 싹트고 사리 분간을 조금씩 하게 되던 때 본처 자식이면서도 후처 가족들 틈에 끼어 살며 느꼈을 억압된 감정들을 말이다. 식구들이 둘러앉아 식사할 때 할머니가 안 계시면 밥상 저 뒤에서 밥을 먹어야 했고 밥상에 올라온 소고기 장조림 반찬으로 내가 손을 뻗을라치면 의붓오빠가 손을 '탁' 쳐내곤 했다. 그 집 형제들이 어머니인 산파 아주머니를 중심으로 옹기종기 모여 앉아 있었다. 그 모습을 옆에서 지켜볼 때마다 '아, 나는 서울에 있는 어머니 자식이 아니고 아버지가 어디서 그냥 낳아 온 자식인가 보다.' 하며 슬픔에 젖어 들었다. 여기 경주에서도 저기 서울에서도 환영받지 못하는 천덕꾸러기라는 생각에 마음이 아팠다. 그때 나를 따뜻하게 보듬어준 것은 어머니가 아니라 외할머니였다.

외할머니는 내게 엄마와 같은 존재였다. 내가 농장에 나가 심술을 부리며 말썽을 피우는 걸 보면 "저것이 엄마 사랑을 듬뿍 못 받고 자라서 저렇지." 하면서 나를 오냐오냐 받아주었다. 우리 외할머니에게 그 산파 아주머니가 얼마나 탐탁지 않았을지 쉽게 짐작할 수 있을 것이다. 그 가족이 곤궁에 처해 있을 때 당신 딸이 큰 은혜를 베풀었는데 보답은커녕 외려 후처 자리를 꿰차고 농장에 들어앉았으니 얼마나 못마땅하고 미웠겠는가?

후일 산파 아주머니는 경주 시내에 조산원을 개업해 독립해 나가게 되었다. 당시만 해도 경주에 산파 일을 하는 사람이 드물었던지 아주머니의 조산원은 나날이 발전했고 돈도 제법 벌었다고 한다. 게다가 자식들이 하나같이 다 머리가 좋아서 서울에 있는 명문 고등학교와 좋은 대학교로 진학하며 훌륭하게 장성했다고 들었다. 아주머니가 자리를 잡아가던 데 반해 아버지의 농장은 한국전쟁을 겪으며 형편이 어려워졌다. 그런 때 아버지가 아주머니를 찾아가 돈을 융통하는 등 몇 번 도움을 받기도 한 모양이었다.

할머니는 산파 아주머니 가족에게는 불편한 존재였겠지만 내게는 더없이 든든한 울타리였다. 하지만 언제까지나 내 곁에 있어 줄 것 같았던 할머니도 내가 보통학교 6학년 때 세상을 떠나셨다. 할머니가 돌아가셨다는 것은 어린 내게 세상이 끝났다는 얘기나 마찬가지였다. 세상의 온갖 억울한 일로부터 보호해주고 내 편을 들어주던 할머니가 더는 존재하지 않는다는 사실에 절망했다. 어린 마음에도 얼마나 슬프고 눈물이 흐르던지…. 화장터를 향해 떠나는 할머니의 상여에 울며불며 매달리던 나를 떼놓으려고 동네 사람들이 진땀을 빼야 했다. 할머니를 떠나보내고 벌써 70여 년이 다 되어가는 요즘도 꿈을 꾸면 돌아가신 우리 어머니보다 할머니가 더 자주 보인다. 그만큼 할머니는 내게 정말 큰 존재였다.

경주에서 보통학교를 졸업하기 전 서울에 있는 중학교에 진학하려고 시험을 본 적이 있다. 나를 보살펴주던 할머니가 돌아가신 후 아버지는 중학교부터라도 어머니 곁에서 다니길 원했다. 당시에는 중학교 입학시험이 있었다. 아무런 준비도 없이 무턱대고 시험을 봤으니 성적이 좋았을 리 만무하다. 보기 좋게 낙방하고 그 길로 낙향해 경주여중에 입학했다. 그러던 중 한국전쟁이 터지면서 서울에서 살던 어머니가 언니들과 부산으로 피란을 내려갔다가 경주로 와서 함께 살게 되었다. 어머니처럼 따르던 할머니가 돌아가시고 우울하던 내게 큰언니가 새로운 존재로 다가왔다.

큰언니는 어머니의 살가운 보살핌을 받지 못하고 어른들의 이런저런 상황으로 경주에서 혼자 자라는 여동생에 대해 늘 안타까운 마음을 가지고 있었다. 틈틈이 나에게 뭐라도 가르쳐주려고 애를 썼다. 바이올린을 사 주며 배우게 했고 테니스도 가르쳐주었다. 무엇보다 언니가 보는 일본어 잡지들과 서적들을 접하면서 세상이 아주 넓고 또 지금까지 내가 알고 있던 곳 말고 또 다른 세계가 있다는 것을 알았다. 또 다른 세상에 눈을 뜨게 된 것이다. 큰언니는 서울대 문리대 영문과에 다니고 있었다. 키가 크고 날씬하며 무척이나 아름다웠다. 그런 큰언니는 내게 동경 그 자체였다. 나는 큰언니 덕분에 꿈을 꾸었고 큰언니처럼 멋진 사람이 되고 싶다는 열망을 갖게 되었다.

하지만 그토록 완벽한 큰언니에게도 문제가 있었다. 폐병을 앓아 몸이 무척 허약했다. 경주 집에 있을 때 언니 방 앞에서 얼쩡거리다 언니가 나온다 싶으면 얼른 가서 심부름을 하고 초콜릿을 얻어먹곤 했다. 어쩌다 언니가 각혈을 하면 아버지는 언니 방 근처에도 못 가게 했다. 각혈할 때 옆에 있으면 폐병이 옮는다고 했다. 하지만 나는 아버지 몰래 어른들 눈을 피해 언니 방에서 나오는 것들을 알아서 치웠다. 나는 큰언니가 정말 존경스러웠다. 나와 일곱 살 차이가 나는 언니에게 한 번도 "아니요."라고 한 적이 없었다. 그저 "네네." 하면서 잘 따랐다. 내가 고등학생이 되고 대학에 입학할 때가 되자 큰언니는 어떻게든 제대로 공부를 시켜보려고 무던히도 애를 썼다.

사실 큰언니는 본인 약값으로 가산을 탕진하는 것 같아 이래저래 미안한 마음이 있었을 것이다. 하지만 나는 큰언니가 죽을 수도 있다는 사실이 무척이나 두려웠다. 내 바로 위 둘째 언니는 아버지가 운영하는 광산에 다니러 갔다가 연탄가스를 맡고 질식사했고 그 1년 후 아버지 역시 간암으로 돌아가셨다. 2년 사이에 집안에 줄초상이 일어났다. 큰언니마저 병을 이겨내지 못하고 세상을 떠난다는 건 정말이지 생각하기도 싫었다.

그토록 몸이 허약했던 큰언니에게 뜻밖에 로맨스가 찾아왔다. 아버지가 돌아가시고 엄마 혼자 경주의 농장 일과 언니의 병구완을 하던 때였다. 언니는 경주 시내에 나가면 꼭 책방에 들렀다. 그곳에서 서울사범대학에 다니던

문학청년을 알게 되었다. 학교도 같고 말도 잘 통해서 두 사람은 종종 만나 이야기를 나누곤 했다. 때론 우리 집 농장에서 과일을 따 먹기도 하고 서로 시간 가는 줄 모르고 이야기를 나누는 두 사람의 모습이 참 아름다웠다.

가끔 내가 엄마 눈을 피해서 언니와 그 청년 사이에서 편지를 전해주었는데 그때만 해도 결혼까지 할 줄은 생각지 못했다. 얼마 안 되어 큰언니는 그와 결혼을 했고 당시 학생이었던 형부는 이후 학교 선생이 되어 대구사범학교에서 근무했다. 옛날엔 폐병에 걸리면 대부분 죽는다고 여겼다. 큰아들에, 둘째 딸에, 남편까지 잃은 엄마는 똑똑하고 예쁜 큰딸을 살리기 위해 고군분투했다. 집 안에 있는 폐물이란 폐물은 모두 언니의 병구완으로 들어갔다.

그런 정성 덕분이었는지 큰언니는 아이들 둘을 낳아 키운 후 50대에 세상을 떠났다. 어린 시절 시골에서 철모르고 뛰어놀던 내게 드넓은 세상이 있고 새로운 문물이 있다는 걸 일깨워주었고 어떡하든 나를 제대로 만들어보려고 고심하고 애쓴 언니가 두고두고 그립다.

인생을 살아가는 데 꼭 필요한 자세

소녀 시절의 나는 큰오빠의 죽음을 시작으로 몇 년 간격으로 할머니, 작은 언니, 아버지마저 세상을 뜨는 집안의 불운 속에서 내적으로 성숙해져 갔다. 경주여중에서 경주여고로 진학했을 때 더 이상 농장에서 활개 치고 다니던 말괄량이가 아니었다. 여자로 태어났지만 내 이름을 걸고 뭔가 이루어보고 싶다는 막연한 열망은 꿈이라는 이름으로 조금씩 구체화하기 시작했다.

언니가 가져다준 외국 잡지들을 보면서 간접적으로나마 견문이

넓어지면서 드넓은 세상에서 이름을 떨치는 내 모습을 그려보곤 했다. 이런 상상은 자연스럽게 세계를 무대로 활동하는 외교관과 인정받는 인테리어 디자이너가 되는 꿈으로 이어졌다. 그런데 왜 하필 외교관이었을까? 나에게 외교관이란 세계 여러 나라의 다양한 사람들을 만나 우리나라를 알리고 애국을 하는 사람이었다. 어린 시절부터 집안의 천덕꾸러기로 온갖 말썽을 다 피우고 다녔지만 이상할 정도로 사람들은 나를 좋아했다. 사람들에게 반갑게 인사하고 말을 건네고 또 어떨 때는 내가 할 수 있는 뭔가를 해주면서 어떻게 하면 사람들이 좋아하는지 싫어하는지를 터득했던 것 같다. 아마도 사람을 대하는 것에 자신감이 있기 때문에 외교관이 내 적성에 맞겠다고 여긴 게 아닐까 싶다. 그리고 집을 세련되게 가꾸는 인테리어 디자이너는 외국의 새로운 문물을 받아들이고 고등교육을 받은 여자라면 도전해볼 만한 멋진 직업이라 여겼던 듯하다.

그때부터 외국에 나가고 싶어서 엉덩이가 들썩거렸다. 일본 와세다 대학에서 공부하고 돌아와 농업 신기술로 사람들에게 보탬이 되려고 노력했던 아버지와 돈을 벌기 위해 만주로 가는 도중에 함경도에서 광산회사에 취직하여 나중에 우리나라 10대 광산회사를 일군 큰아버지의 영향도 있을 것이다. 청년 시절에 정든 고향과 조국을 떠나 도전을 택한 두 분의 영향이 컸다. 또한 당당히 서울대 영문과에 합격한 큰언니의 영향도 컸다. 집안 어른 중에는 여전히 여자에게 고등교육을 시켜 무엇하느냐고 반대하는 분도 있었다. 하지만 아버지의 생각은 달랐다. 이왕 공부할 거면 어영부영하지 말고 열심히 해서 서울대에 진학할 것을 권했다. 아버지는 둘째 언니가 이화여대에 들어갔을 때도 그다지 흡족해하지 않았다.

그러나 어린 시절부터 책상머리에 앉아서 공부하기보다 산으로 들로 놀러 다닌 습관이 몸에 배어선지 진득하게 공부를 해나가는 것이 나에겐 무척 힘든 일이었다. 당시 경주여중과 경주여고 친구들은 내가 제법 공부를 잘했던 것으로 기억한다. 하지만 반에서 10등 정도 하는 성적으로는 서울대에 갈 자신이 없었다. 게다가 외교관이 되려면 영문과에 진학해야 하는데 어림도 없었다. 어떻게 공부해야 실력을 끌어올릴 수 있는지 방법을 잘 몰라 혼자 끙끙댔다. 어머니는 농장을 관리하랴 언니가 있는 마산요양소로 왔다 갔다 하랴 정신이 없었다. 사실 그 당시 우리 집은 말이 아니었다.

쉰도 안 된 젊은 나이에 친정어머니와 아들딸 거기다 남편까지 잃은 처절한 슬픔 속에서 모든 짐을 다 떠안고 하루하루 살아야만 했던 어머니, 장녀로서 기울어가는 집안에 보탬이 되기는커녕 오히려 부담만 되는 자신을 원망하며 어떡하든 살기 위해 폐병과 싸워야 했던 큰언니, 어머니 자식인 줄 알았다가 자신이 아버지와 평양 기생 사이에서 태어난 배다른 자식이라는 사실을 알고 충격을 받아 혼자 겉돌던 남동생, 그리고 가슴속에 차오르는 열망을 어떻게 풀어나가야 할지 몰라 혼자 끙끙대던 나. 그때 우리 네 식구는 각자 저마다의 가슴속 응어리를 안고서 신산한 시기를 견뎌내고 있었다.

대학입시를 앞두고 이런저런 집안 사정을 둘러보며 쉽게 마음을 잡지 못했다. 나는 충분히 준비하지 못한 채 서울대 입시에 임해야 했다. 결과는 낙방이었다. '그래도 공부를 한다고 했는데.' 그 정도로 쉽게 되는 일이 아니라는 것을 알면서도 속상했다. 공부를 충분히 못 한 것이 사실인데도 여렸던 때인지라 대입 실패는 참 가슴 아픈 일이었다. 아버지가 인정하는 서울대에 진학하지 못해서 두고두고 죄송스러웠다. 어머니에게도 미안했다.

우리 세대는 남녀 간 대학 진학률과 경제활동 참가율 등 모든 면에서 커다란 차이가 났다. 그러다 보니 여성의 사회적 지위가 낮을 수밖에 없었다. 내 어머니의 삶이 그 증거다. 초등학교만 나온 어머니와 일본 유학한 아버지. 두 분은 학력과 지식 면에서 너무나 큰 차이가 있었다. 어머니는 집에서 살림만 하면서 아버지를 기다리며 인고의 세월을 보냈다. 나는 어머니의 삶을 답습하고 싶지 않았다. 넓은 세계에 나가서 더 배우고 영역을 넓히며 삶을 스스로 개척하고 싶었다.

결과적으로 원하는 학교 학과에 진학하는 데는 실패했다. 하지만 지나고 보니 그때 나는 일생에서 중요한 것을 하나 얻었다. 그건 바로 공부의 필요성을 느끼고 나 스스로 책상머리에 앉았다는 것이다. '좀 더 일찍 공부머리가 트였더라면, 그래서 더 차근차근 열심히 공부했더라면.' 하는 아쉬움도 컸다. 하지만 그때 얻은 소득이 있다. 책을 읽고 중요한 내용을 메모하는 습관을 생활화한 것이다. 그 습관은 내 인생에 엄청난 자양분이 되어 우연과 운명을 가장해 시시각각 다가온 새로운 도전들 앞에서 용기와 희망을 잃지 않게 하는 데 밑거름이 되었다.

점점 멀어지는 외교관의 꿈을 쉽사리 놓지 못하고 있는데 내가 인테리어 디자인 쪽에도 관심이 있다는 얘기를 듣고 누군가 2차에 한양대 건축학과에 원서를 넣어보라고 했다. 건축학과는 그때나 지금이나 여자들은 선뜻 선택하기 어려운 별로 선호하지 않는 학과였다. 하지만 나는 그런 것에 별로 개의치 않았다. '건축과 공부가 별거 있나? 설계하고 드로잉하면 되는 거지!' 인테리어 쪽 일을 하려면 건축과에 들어가 공부하는 것도 좋겠다고 생각했다. 나는 한양대 건축학과에 진학했다.

결혼하면서 나의 꿈이 실현되지 못하자 좌절했다. 그리고 현실과 투쟁했다. 호텔 일을 시작한 후에는 가정도 일도 소홀히 하지 않기 위하여 고군분투했다. 만일 내가 호텔 경영을 계속했더라면 능력 있는 여성들이 고정관념이나 편견 없이 승진하는 직장, 워킹맘들이 일하기 좋은 모범적인 직장으로 키웠을 텐데 하는 아쉬움이 든다. 호텔만큼 여성의 섬세함을 필요로 하고 여성의 꼼꼼함이 무기가 되는 직장도 없다. 내가 조금만 더 건강했더라도, 1세대 여성 경영인으로서 후배 여성들의 사회 참여를 증진하고 일과 가정의 균형을 잡는 데 도움을 주는 멘토 역할을 할 수 있었을 것이다.

지금도 시내에서 사람을 만날 일이 있을 때는 일부러 힐튼호텔로 장소를

정한다. 레스토랑의 메뉴도 보고 맛도 비교해본다. '그때는 그랬지.' 하는
회한에 젖기도 하고 나를 유일하게 알아보는 도어맨과도 반갑게 인사를
한다. "호텔 경영을 정 회장님께 많이 배웠어요."라고 말하는 대우의 남자
사장들을 보면 지난날들에 보람을 느낀다. 섬세함, 꼼꼼함, 감수성 등 여성이
남성보다 더 잘할 수 있는 영역이 분명히 있다. 그 영역을 잘 개척하는 것이
여성들에게는 플러스 요인이 될 것이다.

뒤에 오는 여성들이 내게 조언을 구한다면 꼭 들려주고 싶은 말이 있다.
'꿈을 키우고, 도전하고, 실천하라.' 사회에 진출하려는 여성에게 꿈은 꼭
필요하다. 꿈이 없다면 도전도 없고 실천도 없다. 시작을 위해 꿈을 꾸어야
하며, 앞으로 나가기 위하여 도전하여야 하고, 꿈을 완성하기 위하여 실천해야
한다. 그런 뜻에서 나는 큰딸 선정이가 결혼을 늦추고 자기만의 일을 갖기를
원했다. 그러나 나의 바람과는 다르게 선정이는 일찍 결혼했다. 하지만
다행스럽게도 결혼하고도 자기 소질을 개척하면서 전문성을 키워나갔다. 일과
가정을 병행하기가 쉽지 않을 텐데 내색도 안 하니 딸이 힘든 줄 전혀 모른다.
평소에 안 하던 일을 하면 '제가 요새 힘들구나.' 하고 짐작만 할 뿐이다.

옛날 인터뷰 기사를 다시 읽어보니 호텔을 잘 키워서 손녀딸에게
물려주겠다는 이야기를 수도 없이 하고 다녔다. 호텔 일이 그만큼 여성에게
적합한 업무라고 생각했던 것 같다. 하지만 한 치 앞을 못 보는 것이
인생이라는 생각이 든다. 이제 물려줄 호텔은 하나도 없다. 일을 가르쳐줄 힘도
건강도 다 잃어버렸다. 하지만 사랑하는 마음과 응원에는 변함이 없다.

여성의 일에 대하여

어릴 때부터 나는 뭔가를 하고 싶고 이루고 싶고 되고 싶었다. 외교관도 되고 싶었고 인테리어 공부도 하고 싶었다. 유학만 가면 내 꿈에 한 발 더 다가설 수 있을 것 같았다. 함께 유학 가자던 남편의 말을 믿고 결혼했다. 하지만 유학은 요원한 일이었다. 결혼하고 10년이 넘으니 아이가 넷이 되었고 음식 대접을 해야 할 손님들은 더욱 늘어만 갔다. 남편은 사업을 번창시키며 자기가 하고 싶은 일을 하며 살았다. 하지만 나는 그러질 못했다. 내가 남편에게 뭘 좀 하고 싶다 하면 "안 돼." 뭘 좀 달라고 하면 "없어." 뭘 좀 물어보면 "몰라." 하며 도와주지 않았다. 이래저래 불만이 많았다. 그러다 1977년에 뜻밖의 기회가 찾아왔다.

　나는 늘 영어 공부를 손에서 놓지 않았다. 그 무렵에는 일주일에 세 번 코트라에서 진행하는 한국외국어대학의 영어 프로그램을 수강하고 있었다. 그런데 아는 사람이 하버드대 여름학기에 간다면서 내게 같이 가자고 했다. 막내 선용이가 두 살이었다. 아이는 친정어머니가 봐주겠다고 했다. 어쩐 일인지 이번에는 남편도 가보라고 허락했다. 유학의 첫째 목적은 영어 공부였고 두 번째가 미술사 공부였다. 그림을 보러 다니면서 조금씩 작품을 모으다 보니 자연스럽게 미술 공부를 하게 되었다. 미술사는 전 현대미술관 관장이었던 이경성 선생님의 권유로 홍익대 대학원에서 1년간 공부했다. 하버드대에 갈 때는 당시 서울대 고고미술사학과 안휘준 교수님이 추천서를 써주었다.

　미국에 갈 때만 해도 여름학기만 듣고 올 계획이었다. 그런데 막상 학기가 끝나니 생각이 달라졌다. '그래도 공부하러 어렵게 왔는데 좀 더 해보자.'라는 생각이 들어 정식으로 석사과정에 들어갔다. 지금도 그렇지만 미술사를 공부해보니 인상파를 위주로 공부하게 됐다. 역사 공부도 하면서 미술사 공부를 해야 하니 참 어려웠다. 게다가 공부를 손에서 놓은 지 10여 년이 지난 후라 생각만큼 잘되지 않았다. 강의를 듣는다고는 해도 10분의 1이나 이해했을까. 리포트를 쓰기도 어렵고 읽어야 할 과제도 양이 만만치 않아 사전을 들고 헤매다가 한 페이지도 넘기지 못하는 날이 하루 이틀이 아니었다. 아마 대다수 한국 유학생이 겪는 어려움일 것이다. 영어도 어려운데 프랑스어 공부까지 해야 했다. 공부가 어려운 것도 힘들었지만 서울에 두고 온 아이들이 생각날 때가 더 힘들었다. 아이들이 마음에 걸려 외롭고 또 서럽기까지 했다.

가을이 되자 하버드대 광장에 마로니에 잎이 수북이 쌓였다. 낙엽을 쓸지 않아 길을 걸어가면 떨어진 나뭇잎이 발에 툭툭 차였다. 뼛속까지 외로움이 스며들었다. 울음이 터져 나왔다. 아기들이 지나가는 것만 봐도 우리 애 같은 착각이 들었다.

그때 아이를 하나 낳아 서울에 두고 예일대에 와서 공부하는 친구가 있었다. 그 친구가 전화해서 "우리 왜 여기서 이러고 있니? 돌아가자."라고 했다. 그곳에서 나를 도와주던 변호사도 너무 괴로워하니까 역시 같은 충고를 했다.

"괜히 남편 놓치고 사람만 정신병자 되고. 아이들은 또 어떻겠어요?"

그런 얘기를 들으면 나는 찰스 강가로 뛰어가 엉엉 울었다. 강에 뛰어들까 하는 충동을 억누르며 헤매고 다녔다. 결국 남편한테 전화를 걸었다.

"여보, 아이들 좀 보내주세요."

"안 돼! 공부하는 사람이 아이들 데리고 어떻게 공부한다는 거야?"

어렵게 전화를 했는데 또 안 된다고 하니 눈물이 쏟아졌다. 그 후로도 몇 번 전화해서 울었다. 어느 날 남편이 전화를 걸어왔다.

"공부는 무슨 공부야. 때려치우고 그냥 들어와."

나는 남편의 그 말이 반가웠다. 10년 넘게 벼르고 벼러 공부를 하러 나왔는데 내 입으로 그만두겠다는 말은 할 수 없었다. 그때 나는 뼈저리게

하버드대에서 미술사를 공부하던 시절. 하버드대에서 유학하며 보냈던 1년 반은 남편과 나에게 서로의 존재 필요성을 각인해주었던 시간이다.

외로움이 뭔가를 느꼈다. 그런 외로움을 느껴보지 못한 사람은 성숙할 수 없다는 걸 알게 되었다. 집에 돌아온 나는 전보다 성숙해졌다. 그전의 나는 어떤 면에서 보면 나만 아는 아내였고 나만 아는 엄마였다. 뭔가를 하긴 해야 했는데 남편이 호응을 안 해주니 아이들만 키우며 안으로 속앓이를 했다. 남편과 아이들에게 살갑게 대하지 못했다. 남편이, 아이들이, 가정이 얼마나 소중한지를 뼈저리게 느꼈다. 남편을 존중하는 마음이 자연스레 우러나왔다. 값비싼 학습을 한 셈이었다.

그런 마음의 변화는 나에게만 일어난 것이 아니었다. 나중에 다른 사람을 통해 남편이 "우리 집사람이 없을 때 참 견디기 어려웠다."라고 말했다는 걸 들었다. 한창 젊은 시절에 우리는 모두 자존심이 팽팽했다. 무슨 일로 틀어지면

1996년 숙명여대에서 명예박사 학위를 받았다. 옆은 당시 숙명여대 총장인 이경숙 총장이다.

누구 하나 쉽게 수그러들지 않았다. 하버드대에서 보낸 1년 반의 유학은
엉뚱하게도 남편과 나에게 서로의 존재 필요성을 각인해준 시간이 된 것이다.

남편의 '여성의 일'에 대한 생각은 시어머니와 내가 많은 영향을
미쳤을 것이다. 시어머니는 공부를 많이 했고 현명한 분이었다. 남편은
경기고등학교와 연세대 경제과를 정식으로 졸업했으니 다른 기업가들에 비해
공부를 많이 했다. 한마디로 당시에는 많이 배우고 깨인 남성이었다. 당시
내로라하는 기업가 중에 누구라고는 말을 못 하지만 신문을 거꾸로 읽는
회장님도 있었다. 남편은 많이 배운 남자였지만 보수적인 사회에서 성장했기에
바깥에서 일하고 싶어 하던 나를 처음에는 이해하지 못했다.

남편은 내게 책을 많이 사다 주었다. 당시에는 미국 책보다도 일본 책이
많았다. 책은 주로 사업에 관한 것들이었다. 새로운 것을 좋아하는 나는

책을 통해서 새로운 경험을 터득했다. 처음에는 남편이 사 온 책을 읽었는데 나중에는 내가 필요한 책을 사다달라고 요구했다. 남편은 다른 것은 몰라도 책은 군말 없이 다 사 주었고 책을 좋아하는 나를 기특하게 생각했다. 남편이 나에게 해준 배려라면 책과 여행을 통하여 세계의 넓은 문물을 보게 해준 것이다.

남편은 내가 일을 해내는 것을 보고 여성의 일에 관한 생각이 많이 바뀌었다. 투덜거리긴 해도 내가 무얼 하든 열심히 하고 잘해보려고 애를 쓰니까 조금씩 생각이 바뀌었던 모양이다. 열정과 활력이 넘치고 기가 센 마누라를 잘 써먹어야겠다고 생각했는지 아니면 시험 삼아 해보라고 한 것인지는 모르겠다. 어쨌든 남편은 나의 사회생활을 위해 물꼬를 터주었다.

남편은 대우를 창업하고 나서 여성도 일해야 하고 실제로 능력을 갖추었다고 생각했다. 그래서 다른 기업들에 비해 여성들에게 기회를 많이 주었다. 초창기 대우에서는 여자 배구단을 운영했다. 선수 중에 다치거나 나이가 들어 운동하기 어려운 사람은 사무직으로 전환했다. 당시로서는 파격이었다. 그러나 어렵게 사무직으로 전환된 여성들이 오래 버티지 못하고 출산과 육아로 그만두었다.

내가 힐튼 회장이 되었을 때 남편은 "집사람이 일을 잘하면 직원 부인들도 일을 시키겠다."라고 공식적인 선언을 했다. 나는 오기도 생겼지만 부담 역시 컸다. 남편은 공언한 대로 직원 부인들을 실제로 채용했다. 하지만 일과 가정 살림을 병행한다는 것은 힘든 일이어서 결국 모두 그만두었다. 그때나 지금이나 워킹맘들이 힘들고 고달프기는 마찬가지다.

대우는 기업 최초로 대졸 여성 사원을 공개 채용하기도 했다. 1986년에 남편이 대졸 여성 사원들 앞에서 연설했다. 당시로서는 꽤 열린 사고를 피력했다. 그 일부를 여기 옮겨본다.

"남자든 여자든 교육 투자를 하여 키운 인력이 사장되는 것은 그

당사자뿐만 아니라 국가적으로도 큰 손실이라고 생각합니다. 여성 인력이 활용되지 못하고 능력이 제대로 발휘되지 못하는 것은 세 가지 이유가 있습니다. 우선 첫째는 우리나라가 전통적으로 남자는 밖에서 일하고 여자는 집안일을 돌봐야 한다는 관습 때문입니다. 둘째는 여성에게 부여된 제도적 불이익과 아직도 좁은 우리나라의 고용시장 때문입니다. 마지막으로 셋째는 여성 자신의 자세 때문입니다."

이것이 여성이든 남성이든 일을 열심히 하면 기회를 주겠다는 대우의 정신이 아닐까 생각한다. 지금 그 여성 사원들은 어찌 되었을지 궁금하다. 아마도 대우가 아직도 건재했다면 공채 출신 최초 여성 CEO를 임명하고도 남았을 것이다. 대우가 해체되고 나서 많은 직원들이 실직하고 다른 회사로 이직하거나 퇴직했다. 남편도 대우 해체로 퇴직한 직원들에 대하여 항상 안타까워했다.

아무것도 모른 채

1990년 경주힐튼호텔과 미술관을 거의 다 지어갈 때였다. 나는 각종 집기 샘플, 패브릭 샘플, 디자인 자료 등을 구하느라 영국에 있었다. 지금은 정보가 넘쳐나지만 당시에는 작은 것 하나를 구하기 위하여 발로 뛰어다녀야 했다. 맨땅에 헤딩하는 식이었다. 그러다 보니 끼니도 걸렀다. 오죽했으면 출장 간 직원들이 밥이라도 먹여가면서 데리고 다니라고 했을까. 정신없이 일하다 문득 달력을 보니 벌써 11월 셋째 주, 곧 추수감사절이었다. 아이들 생각이 났다. 딸 선정이와 사위 김상범, 장남 선재, 그리고 차남 선협이 모두 미국에 있었다. 딸 내외는 미시간에 있었고 아들들은 보스턴에 있었다. 추수감사절 연휴가 일주일인데 들여다봐야 할 것 같았다. 그때 스위스에 있던 남편에게 전화했다.

"여보, 이제 추수감사절인데 우리 잠깐 가서 애들 얼굴이라도 보고 옵시다."

"미쳤어? 일이 바빠 죽겠는데!"

그러고는 남편은 전화를 딱 끊어버렸다. 속상했지만 한두 번 있는 일도 아니니 금방 단념했다.

'그래? 그렇다면 나 혼자라도 가야지.'

나는 부지런히 일을 마무리하고 함께 출장 나온 직원들을 한국으로 들여보냈다. 그때 아이들한테서 연락이 왔다.

"엄마, 우리가 뉴욕에 가서 기다리고 있을게."

"아들아, 뉴욕까지 올 필요 없어. 엄마는 거기 아주 잘 알아. 보스턴 가는 비행기가 바로 있더라. 내가 로건 공항으로 갈 테니 보스턴에서 만나자."

전화를 끊고 미국으로 가려고 준비하는 몇 시간 뒤 직원에게 연락이 왔다.

"김 회장님도 가시기로 했습니다."

"바쁜데 어떻게 오신다는 거예요?"

믿어지지 않아 직원한테 물어도 직원은 모른다고 했다. 남편에게 전화를 걸었다.

"런던 히스로 공항에서 만납시다."

남편이 스위스 취리히에서 내가 있는 런던으로 오겠다는 것이었다.

"당신 볼일 차분히 다 보고 오세요. 공항에서 기다릴게요."

신이 나서 여행 준비를 하고 공항에서 남편을 만났다. 배가 고프다고 뭘 좀 먹자 하니 남편은 생각이 없다고 했다.

"그럼 장난감이나 삽시다."

딸이 아이를 낳아 외손자가 어릴 때였다. 평소 같으면 다른 건 몰라도 손주 선물은 함께 고르곤 했는데 그날은 달랐다. 그런 건 뭐하러 사느냐고 극구 말렸다. 나는 사야 한다고 하고 남편은 사지 말라고 했다. 아마 마음이 바빠서 그랬을 것이다. 한참 옥신각신하다 끝내 내가 물건 몇 개를 사고 비행기를 탔다.

그해 나는 유난히 바빴다. 그래서 우리 부부는 얼굴도 거의 못 보고 지냈고 통화하기도 쉽지 않았다. 어쩌다 통화라도 하면 남편은 야단치기 일쑤였다.

'무슨 집기를 얼마에 사는지 회사에다 기안서를 올리고 결재받고 회삿돈으로 구매해야지, 어떻게 맨날 당신 주머니에서 꺼내 써? 그게 어떻게 사업하는 사람이 할 짓이야!'

앞서 말했듯 나는 내가 자란 고향 경주에 최고의 호텔을 세우고 싶었다. 내가 원하는 물건들은 디자인이 뛰어나고 품질이 좋은 비싼 것들이었다. 회사에서 결재가 떨어질 리 없었다. 게다가 기안 서류를 작성하고 결재를 기다리다 보면 시간이 늦어졌다. 아이들 학비는 남편에게 내라고 하고 힐튼에서 받는 내 월급은 호텔을 최고로 만드는 데 썼다.

비행기에서 남편이 내 가방을 열어보았다.

"이게 뭐야? 쓰레기통이지. 이게 무슨 비즈니스하는 사람 가방이야?"

내 가방엔 각종 샘플이 많았다. 연필, 참고하려고 찢어둔 잡지, 패브릭, 심지어 접시까지 수십 가지가 뒤섞여 있으니 잡동사니로 보였다. 나한테는 다 필요한 거였다.

"그렇게 보기 싫으면 정리를 좀 해주시든가."

"내가 뭘 알아야 정리해주지. 괜히 손댔다가 나중에 찾는다고 난리 칠 거 아니야."

"그림은 그림대로 하고 샘플은 샘플대로 하면 되지요."

우리는 물건 정리를 하면서 집안 얘기며 어머니 얘기 등을 두런두런했다.

나는 속으로 '이 남자가 원래 말을 잘 안 하는데 이상하다.' 하고 생각하면서도 남편이 옆에 있으니까 행복했다. 출장 다니면서 고생했던 얘길 하니까 그런 일정을 조직적으로 해야지 여기 갔다가 저기 갔다가 하면 어떻게 하느냐고 역시나 야단을 쳤다. 호텔에 비치할 그림의 장식용 프레임을 고를 때도 잘하는 집을 물어물어 찾아가야 하는 식이었다. 어디에 가서 무얼 할지 계획을 세우고 조직적으로 할 수가 없는 경우가 많았다. 그런 얘기를 나누니 대여섯 시간이 금세 지나 미국에 도착했다. 비행기에서 내리면서 자세히 보니 남편의 얼굴에 수심이 가득했다. 나는 회사 일로 골치가 아파서 그러려니 생각했다.

"오늘은 큰 차가 올지 몰라."

"네?"

나는 마냥 즐겁고 설레서 더 묻지 않았다. 직원이 나왔다. 직원이 남편을 부축해서 앞장서고 내가 그 뒤를 따라갔다. 리무진이 한 대 서 있었다.

"웬일이야, 김우중 씨가?"

으레 회사 직원들의 작은 승용차를 타고 다녔는데 큰 리무진을 보니 맘이 들떴다. 차를 타고 30분 정도 지났을 때였다. 남편이 내 손을 꽉 붙잡았다.

"마음 단단히 먹어."

"왜?"

아들의 사고 소식에 그 역시 엄청난 충격을 받았을 텐데 어떻게 그렇게 예사롭게 행동할 수 있었는지 놀라울 뿐이다. 히스로 공항에서 만나 비행기를 타고 오는 내내 그리고 뉴욕에 도착하는 순간순간 남편 얼굴에 드리워진 그림자를 느끼지 못한 건 아니었다. 세월이 지난 후 객관적으로 되돌아보니 당시 남편이 자신의 감정을 얼마나 극도로 억눌렀을지를 생각하면 마음이 미어진다. 그 일 이후로 내 남편이 보통 사람이 아닌 건지, 남자란 존재가 원래 그토록 속이 깊은 것인지 두고두고 생각하게 되었다.

그때 차가 다른 길로 들어섰다. 아이들을 만나려면 어느 길로 가야 하는지 너무나 잘 알고 있었다.

"왜 이리로 가?"

"그렇게 됐어."

"뭔데?"

"어디 들를 데가 있어."

그리고 5분쯤 지나서 내리라고 했다.

"놀라지 마. 애들이 사고가 났어."

앞이 캄캄해졌다. 무슨 소린지 이해가 안 됐다.

"뭐라고요? 그럼 애들은?"

"하나는 괜찮은데 하나가……."

나는 차에서 내리다 땅바닥에 주저앉아 잠시 정신을 잃었다. 장대 같은 남자들이 내 옆구리를 끼고 어딘가로 들어갔다. 사람들이 죽은 이의 얼굴을 보고 기도를 하고 있었다. 나는 다시 쓰러졌다. 누군가 나를 부축해서 어딘가로 끌고 올라갔다. 그러고는 확인을 하라고 했다.

"이게 무슨 소리야?"

앞이 보이지 않았다. 단상 위에 놓인 지구 덩어리만 한 뭔가가 내 앞으로 다가왔다. 거기에 아이가 있었다. 나의 아들 선재가.

잘 가라 선재야!

"오지 마. 내가 비행기 타고 가면 금방인데 너희가 오면 세 시간 반이나 걸리잖아. 알았지?"

나와 전화를 한 후 선재와 선협이는 마중을 나오지 않기로 했다. 그런데 아침을 먹고 아홉 시 반쯤 되었을 때 선재는 엄마가 오는데 가만히 앉아서 기다리기 뭐하다고 동생에게 가자고 재촉했다. 나의 도착 시각은 열한 시. 시간이 얼마 남지 않았다. 아이들은 급하니까 고속도로가 아닌 지름길인 국도로 들어섰다. 얼마 후 아이들이 탄 차는 맞은편에서 오는 트럭과 충돌했다. 그 순간 하느님은 선택해야 했는지도 모른다. 한 아이는 착하고 약하다. 다른 아이는 억세고 강하다. 누구를 살릴까?

"형!"

선협이가 정신을 차리고 선재를 부르니 고개가 툭 떨어졌다고 했다. 1990년 11월 21일 오후 2시 15분이었다. 하느님은 그래도 세상을 만들어가는 데는 억센 놈이 낫겠다고 판단한 모양이다. 지금 생각해보면 정말 그런 상황에서 한 아이라도 살아남았다는 것이 기적이다. 살아남은 아이는 급한 와중에도 사고 현장에서 가까운 코네티컷에 있는 친지에게 전화를 걸어 도움을 청했다.

선재는 대우실업이 시작되던 1967년에 태어났다. 누나 선정이와 연년생이었다. 사람들은 내가 아들을 각별하게 아꼈다고 한다. 하지만 선재가 유난히 나를 따랐다. 딸아이는 저 혼자도 잘 노는데 아들인 선재는 내 치마를 붙들고 놓지 않았다. 커서도 그랬다. 내가 집에 있을 땐 학교만 끝나면 뛰어왔다. "오셨어요?" 내게 인사하고 부엌에 가서 "아줌마, 뭐 좀 잘해 드리세요." 하며 신경을 썼다. 내가 친구들과 함께 있으면 "재미있게 보내세요." 하고 밖에 나갔다. 그래 놓고는 집으로 전화했다. "친구들은 갔어? 내가 집에 갈까?" 하고 물었다.

내 기억으론 밤 열한 시 후에 들어온 선재를 본 일이 없다. 아버지 없이 내가 침대에 혼자 누워 있으면 "엄마, 같이 자자." 하며 이불 속에 들어왔다. 대학생씩이나 된 놈이 엄마 옆에서 잠이 올 리가 없었다. 가만히 봐서 안 자는 것 같으면 나는 일부러 자는 척 코를 골았다. 그러면 일어나 이불을 덮어주고

1989년 11월 27일 선재와 미국에서.

방을 나갔다.

　남편의 빈자리를 채워주고 내게 살아갈 힘을 주던 그 아이가 관 속에
가만히 누워 있었다. 형체는 그대로인데 얼굴 한쪽이 파랗게 돼 있었다. 아이가
말쑥하게 정장을 차려입고 있는 그곳이 답답하게만 느껴졌다.

　"선재야 네가 왜 여기 있니? 나와라. 네가 계획했던 대로 바닷가도 가고
극장도 가야지. 그걸 나 혼자 하라고? 아니야. 그건 아니야."

　나는 머리를 처박고 뒹굴었다. 소리치며 울었다.

　"그래 나도 가야지. 네가 가는 곳이면…… 나도 이 다리로……."

　주위에서 진정하라며 물과 함께 내 입에 뭔가를 밀어 넣었다. 약이
목구멍으로 들어갔는지 어쨌는지 알 수 없다. 다만, 아주 아름답고 평온한
나라로 날개를 달고 올라갔다가 내려와 보니 아는 사람의 집이었다. 오인환

214

사장의 집이었다. 남편의 후배인 오 사장 집에 우리 아이들이 모여 있었다. 미시간에서 급히 날아온 큰딸이 선협이를 감싸면서 말했다.

"엄마, 죽은 애도 죽은 애지만 산 애도 안아줘."

나는 그때 너무 경황이 없어서 이 말이 무슨 뜻인지도 몰랐다.

"간 아이는 간 아이고 살아 있는 아이도 문제야. 지금 선협이 좀 포옹해줘."

내 평생에 애인이자 사랑은 선재였다. 나는 오직 그 아들을 위해서 살다시피 했다. 내가 잃어버린 선재 생각에 괴로워하는 동안 선협이는 벌벌 떨고 있었다. 지금도 후회되고 가슴이 아픈 대목이다. '너라도 살아 다행이다.' 하면서 안아줬어야 했는데 그러질 못했다. 그때를 생각하면 두고두고 선협이에게 미안한 마음뿐이다. 형이 허망하게 떠난 이후 선협이는 가끔 악몽을 꾼다고 했다. 언젠가 선협이 아내인 며느리 은형이가 나한테 와서 이렇게 물은 적이 있다.

"어머니, 저한테 왜 이렇게 잘해주세요?"

"네 신랑한테 못한 게 너무 많아서 그래. 네가 잘해줘라. 내가 너한테 최선을 다해 잘해줘야 너도 신랑한테 잘하지 않겠니?"

그때 나는 정신이 없었다. 선재를 잃은 충격 때문이기도 했고 또 약 때문이기도 했다. 사람들은 내가 정신이 들면 수면제를 먹였다. "아!" 소리만 내도 수면제를 먹였다.

서울로 들어오는 열네 시간의 비행은 죽음보다 더 참담했다. 우리 가족에게 그날과 같은 여행은 처음이자 마지막이었다. 남편부터 사위와 손자까지 모든 식구가 함께 비행기를 탔다. 다만 한 아이만 짐칸에 실려 있었다. 아무도 말은 하지 않았지만 감정은 무척 괴로웠을 것이다. 나는 눈만 뜨면 울어댔다. 그리고 수도 없이 수면제를 먹어야 했다. 얼마나 먹었는지 나중엔 아무런 생각이 나지 않았다.

서울로 돌아와 정동교회에서 장례를 치렀다. 나는 도무지 받아들일 수가 없었다. 나는 아이를 못 묻는다, 죽어도 같이 있어야 한다며 방배동 집에다 묻겠다고 고집을 부렸다. 집에는 매장 허가가 안 나온다고 했다. 그래서 아이의 묘를 안산농장으로 정했다. 어른들이 그렇게 가까이 두는 게 아니라고 반대를 많이 하셨다. 아이들이 어렸을 때부터 주말이면 그곳에 내려가 나무를 가꾸고 풀을 뽑았다. 선재도 좋아하고 나도 좋아하는 곳이었다. 선재를 안산농장에 묻고 한동안 나는 그 아이와 함께 안산농장에서 살았다.

아침이면 밥을 하고 국을 끓여 무덤 앞에서 같이 먹었다. 영혼이지만 선재가 심심할까 봐 꽃 키우며 소일하라고 온실을 만들어주었다. 자그마한 기도실도 만들었다. 겨울엔 솜이불을 덮어주고 눈이 오면 걷어주었다. 비닐 천막을 만들어 이불을 가져다 놓고 잠을 잤다. 1년이 되니까 사람들이 그만 나오라고 했다. 남들은 3년 상도 치른다는데 선뜻 나올 수 없었다. 1년 반이 지났다. 내가 벌여놓은 일이 많아 마냥 모른 척할 수만은 없었다. 그다음부터는 일주일에 한 번씩 갔다. 여행 갈 때는 간다고, 돌아오면 왔다고 이야기를 하러 갔다. 그때부터 믿음의 동반자로 선재를 가슴에 안고 살았다.

"너는 날개가 있어 자유롭게 다니잖아. 아버지가 어려운데 좀 힘이 돼주지 않겠니?"

어려운 일이 있을 때면 아이 앞에 꿇어앉아 기도하곤 했다.

아이를 보내고 1년이 지났을 즈음이었다. 소설가 한무숙 선생을 댁에서 뵌 적이 있다. 선생에게도 나와 같은 아픔이 있었다. 하지만 나는 선생이 아드님을 잃고 힘들어할 때 그 고통을 몰랐다. 남의 아픔이 내 아픔이 될 수 없고 내 아픔이 남의 아픔이 될 수 없으니 말이다. 그런데 선생과 아이 얘기를 하다가 뱃속에서 끓어오르는 고통을 참을 수 없어 절규했다.

"선생님, 나는 지금 살아가는 데 의미가 없습니다. 자꾸만 아이에게 가고 싶어요."

언제 봐도 다정한 나의 큰아들 선재.

선생은 당신 또한 20년의 세월이 흘렀으나 아직도 아드님 사진을 보면 눈물이 난다고 했다. 가엾고 그립고 또 보고 싶고.

나는 몸이 성치 않더라도 살아만 있다면 그 아이를 지키기 위한 의무에서라도 살겠는데 지금은 무엇 때문에 먹고 숨 쉬는지 모르겠다고 말했다.

"그래, 그땐 그래. 그러나 모든 것은 세월이 설명해줄 거야."

공교롭게도 세월이 딱 그만큼 흘렀다. 내가 한 선생 나이가 되고 아이를 잃은 지 30여 년이 되었다. 이젠 내게 그런 아들이 있었나 하고 잊을 때도 있다. 그렇게 들끓던 감정도 많이 누그러졌다. 서글프기도 하지만 이러니 사람이 살게 되는가 보다.

그때를 되돌아보면 감정은 희미해져도 사람에 대한 고마움은 두고두고 남는다. 내 아들의 사고 처리와 그 뒷바라지를 해준 오인석 사장이 마음 깊이 고맙다. 그걸 다 표현하지 못하고 살았다. 근래 부인이 아플 때 힘껏 돕긴 했지만 그때 우리 가족에게 해주었던 것까지는 아직 다 갚지 못했다. 두고두고 갚아야 할 평생 마음의 빚이다.

선재가 떠난 지 6개월 후 경주의 호텔과 미술관을 개관했다. 호텔은 힐튼과 체인 계약을 맺어 경주힐튼호텔이 되었고 미술관은 아들 선재의 이름을 따 경주선재미술관이 되었다. 미술관 개관이 호텔 개관보다 일주일 먼저 이루어졌다. 1991년 5월 18일 경주선재미술관의 개관식에는 각국 대사들과 미술 관계자 등 귀빈들을 초청했다. 경주행 기차 400여 좌석 표를 구매해 손님들을 경주로 모셨다. 남편은 그날 참 많이 울었다. 당신이 반대했는데도 내가 몰래 지은 그 미술관에 죽은 아들의 이름이 새겨지니 만감이 교차했으리라. 남편이 흐느끼는 걸 보면서 남편의 의견을 존중하고 따를 걸 그랬나 하는 생각도 들었다.

1999년 대우가 해체되고 안산농장이 채권단(수출보험공사)에 넘어갔다.

방배동 집도 압류가 들어왔다. 애초 정부는 집과 농장은 지켜주겠다고 약속했다. 1999년 7월 16일 남편이 금감위 이헌재 위원장을 만났다. 그 자리에서 전 재산 10조 원을 담보로 내놓으면서 신규 자금과 회사 어음의 만기 연장을 요청했다. 그때 집과 농장은 담보물에서 제외되었다. 대우 워크아웃이 진행되던 10월 남편이 출국할 때만 해도 그 약속은 유효한 것이었다.

하지만 현실은 다르게 전개되었다. 남편에 대한 여론은 시간이 흐를수록 나빠졌다. 집과 농장 그리고 아도니스 골프장이 남편의 은닉재산으로 몰렸고 채권단이 몰려들었다. 정부도 여론도 우리 편이 아니었다. 그 상황에서 할 수 있는 일이란 법으로 해결책을 찾는 길뿐이었다. 남편은 도망자였고 자식들은 큰 시련을 뚫고 나가기에는 너무 어렸다. 그 일을 감당할 수 있는 사람은 나밖에 없었다.

농장의 경매를 막고 집의 1차 경매 무효를 주장하는 소송을 제기하기에 앞서 결정할 일 하나가 있었다. 농장에 있는 선재의 묘를 어떻게 할 것인가? 대우 사태 후 남편뿐만 아니라 나의 운신 역시 편하지 못했다. 한국에 들어와 활동하기가 어려웠다. 정부와 기자 그리고 국민들이 우리의 일거수일투족을 주시하고 있었다. 게다가 농장이 매각되면 다른 사람이 묘를 손댈 수 있기에 내가 하는 게 낫다고 생각했다.

2000년 가을 나는 가까운 친구에게 어렵사리 부탁했다.

"허락되면 네가 정리를 해주었으면 좋겠어."

결혼도 안 하고 죽은 아이니까 화장을 하는 게 좋겠다고 했다. 친구 둘이 일을 진행했다. 잘하는 장의사에게 날을 받았다.

그날 무덤을 파보니 관도 안 썩고 옷도 그대로였다. 테니스 라켓과 음반 등 선재가 좋아해서 넣어주었던 물건들도 그대로 다 있었다. 다만 관 속에 물이 고여 있었다. 아이의 무덤이 농장이 내려다보이는 언덕배기에 있었는데도 그랬다. 그런데 물속에서 뭔가가 반짝반짝했다.

"너 손 참 예쁘다."

언젠가 선재 손을 들여다보고 감탄했더니 아이가 내 손에 있던 쌍가락지 하나를 빼서 자기 손에 끼는 것이었다.

"내 손이 예뻐서 이쪽으로 도망 왔지."

장례식 날 불현듯 반지 낀 손을 능청스레 보여주던 모습이 떠올라 아이 손에 반지 한쪽을 끼워주었다. 세상이 변하고 인심이 변한 세월을 아는지 모르는지 그 반지는 능청스레 손을 흔들던 선재처럼 다시 찾아온 이들에게 인사라도 하는 듯 반짝거렸다.

깨끗한 한지로 선재의 몸을 잘 말린 후 감쌌다. 선재의 가슴에 꽃을 얹었다. 그리고 리무진을 불러 수원 화장터로 갔다. 늦게야 화장이 끝났다. 추운 초겨울이었다.

"흐르는 강물에 떠나보내 줘. 원이 없게."

팔당댐 근처에 도착하니 깊은 밤이었다.

친구는 혹시 다른 사람들 눈에 띌까 봐 코트 속에 단단히 감췄던 납골함을 선정, 선협, 선용에게 건넸다. 아이들은 흰색 보자기에 싸인 납골 상자를 들고 어둠 속을 내려갔다. 허리까지 오는 갈대들이 달빛에 새하얗게 흔들렸다.

부모 없이 죽은 형제를 떠나보내러 가던 세 아이의 뒷모습이 너무 애처로웠다고 친구는 말했다.

'10년 동안 농장에 있었으니까 이젠 가고 싶은 대로 자유롭게 다녀. 잘 가.'

선재의 재가 뿌려지던 때 광화문 법련사에서 영가를 위한 천도재가 있었다. 며느리 은형이가 가족을 대표하여 그 자리를 지켜주었다.

그날 나는 거기에 없었다. 내가 있어야 할 자리는 죽은 자식의 옆이 아니라 큰 실패를 겪고 실의에 빠진 남편의 옆이었다. 그 후 나는 선재와 우리 가족의 추억이 있는 농장과 집을 지키기 위해 발버둥 쳤다. 내 노력에도 불구하고 이듬해인 2002년에 집과 농장은 남의 손에 넘어가고 말았다.

꽃은 지고

"대우가 해체될 줄 알았는가?"

사람들이 내게 많이 하는 질문 중의 하나다. 해체될 줄 알았으면 미리 준비했을 것이다. 정말 상상도 못 했다. 나는 호텔과 미술관 경영만 했으니 그룹 전체의 사정을 잘 모르기도 했다. 하지만 남편이 자꾸 신규 사업을 벌일 때마다 걱정되는 마음이 들긴 했다. '신규 사업이 잘되어야 할 텐데.' 조선소에 이어 전자제품과 자동차까지 사업 영역을 넓힐 때마다 불안한 마음은 커져만 갔다. 심지어 이런 이야기를 한 적도 있다.

"여보, 우리가 섬유로 일어섰으니 섬유만 하면 안 돼요?"

남편이 내 말에 귀 기울일 리 없었다.

남편은 1990년대 들어서서 더욱더 본인의 신념인 세계 경영에 열중했다. 대우 경영 30년 동안 해외에 있던 시간을 환산하면 거의 17년 정도 될 것이다. 1년에 3분의 2는 해외에 거주했다. 당시 인터뷰 기사를 보니 1997년 한 해만 해도 365일 중 233일을 해외에 있었으며 23번 비행기를 타고 42개국을 옮겨 다녔다. 오로지 일, 회사, 나라만 생각하며 산 세월이었다. 하지만 그가 그동안 이룬 성과와 시대정신이 한순간에 물거품이 되고 매도되는 것을 보니 모든 것이 헛되고 허망할 뿐이다.

모로코 호텔을 지을 때 이야기다. 모로코 자체가 아름다운 나라인데 호텔 부지도 아주 예뻤다. 주변이 아주 마음에 들어 '나중에 골프장도 함께 지으면 좋겠다.'라고 마음먹었다. 호텔 건설을 막 시작했을 때였다. 모로코에 내전이 일어나 한국인 소개령이 내려졌다. 모두 피난 가는데 대우 책임자 한 사람만 피난 갈 생각을 하지 않았다. 다들 왜 안 나오느냐며 빨리 나오라고 성화였지만 그는 떠날 생각을 하지 않았다. 당시 모로코는 치안이 어지러워서 건설 현장에 모래 도둑과 자재 도둑이 많았다. 그는 현장을 지키려는 책임감에서 현지에 남기로 한 것이다. 아무리 모래가 아까워도 아무리 자재가 귀해도 사람 목숨만큼 귀하랴. 나중에 그의 얘기를 들으면서 대우 직원들의 회사에 대한 사랑과 열정을 새삼 확인할 수 있었다. 대우 성장의 가장 큰 원동력은 결국 사람이었다고 생각한다. 직원들이 생명으로 지켜낸 대우가 해체되고 수많은 직원이 갑자기 일자리를 잃게 되었다. 남편은 이 점을 제일 가슴 아프게 생각했다.

"엄마가 대우가족이라는 말을 처음 쓰기 시작했어요."

선정이도 옛날 일을 기억해낸다. 남편의 회사와 직원들에 대한 애정을 알기에 내가 제안을 했다. 우리는 그냥 대우가 아니라 대우가족이다. 당시에 사가 제목도 '대우가족의 노래'였다. 아동문학가 윤석중 씨가 가사를 만들었다. 회사 행사 때마다 이 노래를 불렀다. 지금도 대우 사람들은 모이면 이 노래를 부르고 행사를 시작한다. 남편은 새해 첫날이나 추석 등 명절에는 꼭 해외 건설 현장에 있는 직원들과 함께 보내려고 노력했다. 당시만 해도 회사 분위기를 가족과 같은 친근한 커뮤니티로 엮는 회사가 드물었다. 대우는 그런 면에서 앞선 기업이었다.

돌이켜보면 모든 것이 야속하고 후회된다. 수십 년 동안 나도 일을 했지만 내 이름으로 해놓은 것이 거의 없었다. 서교동과 신문로 집도 내가 모은 돈으로 산 것이었다. 당시에 목돈을 모으는 법은 계였다. 나는 목돈을 모으기 위해 많은 계를 들었다. 선정이가 한 달에 20일은 곗날이라고 했다. 곗날에는 선정이를 데리고 다녔다. "어렸을 때 나의 점심은 곗날 중국집의

큰딸 선정이와 함께. 선정이는 아무리 힘들어도 내색을 하지 않는다. 평소와 다른 행동을 하면 '요즘 힘든 일이 있구나.' 하고 짐작만 할 정도로 속이 깊은 딸이다. 지금은 광주비엔날레 대표를 맡고 있다. 결혼 후에도 일을 놓지 않는 딸이 기특하다.

짜장면이었다."라고 선정이가 농담을 했다. 알뜰하게 아끼고 모았다. 하지만 당시에는 모든 재산을 남편 명의로 하는 것이 당연하게 생각됐던 시절이다. 요즘 같으면 부부 공동명의 아니면 내가 번 재산은 내 이름으로 할 텐데 그 시절은 달랐다.

경주선재미술관도 매각 대상에 포함되었다. 나 죽으면 팔라고 버텼지만 결국 미술관도 채권단에 넘어갔다. 정부에서 방배동 집과 안산농장은 살려준다고 했지만 집도 농장도 결국 채권단에 넘어갔다. 한 해 수십억씩 흑자를 내던, 나의 분신 같은 힐튼호텔은 제일 먼저 매각 대상에 포함되었다. 서울힐튼호텔은 싱가포르 투자청에 팔렸는데 판매액이 당시 채무의 두 달 이자에 불과했다. 피땀 흘려 일군 호텔이 두 달 이자로 나가고 나니 끝이었다.

허무했다. 집도 그렇지만 호텔을 잃은 건 내게 너무 큰 아픔이었다. 풀 한 포기, 장식품 하나 내 손길이 안 닿은 것이 없었다. 지금도 호텔을 갈 때마다 옛날이 생각난다. 하지만 남편의 병구완과 소송 등 닥친 현안들이 휘몰아치는 상황에서 슬픔에만 잠겨 있을 수 없었다. 그 모든 것이 마무리되는 데는 거의 10년의 세월이 필요했다.

당시 정부는 은밀하게 남편의 출국을 종용했다고 한다. 그러나 언론에서는 어느새 도피범이 되어 있었다. 1999년 9월에 출국해 2004년 10월에 귀국했으니 꼬박 5년을 해외에서 지냈다. 해외에 있을 때 지난 시절 알고 지내던 지인들이 거주할 곳과 음식 등 여러모로 편의를 제공해주었다. 그 사이 남편은 몸이 안 좋아져 수술을 여러 차례 받기도 했다. 남편은 귀국하자마자 재판을 받았다. 소송과 재판이 계속되었다. 말로 다 할 수 없는 우여곡절을 거쳐 노무현 정권 말기인 2008년 1월 1일 남편은 특별사면됐다. 노무현 대통령은 조선소 노사 분규를 계기로 알게 되었는데 남편의 일과 직원들에 대한 진정성을 있는 그대로 평가해준 고마운 분이다.

그 시절을 어찌 다 필설로 설명할까! 나도 장과 위 수술 등을 여덟 차례나 하며 죽음 문턱까지 갔다. 전 재산을 한꺼번에 잃었고 남편이 방랑자가 되었다. 그때 내 심정은 정말 피를 토할 정도로 괴로웠다. 하지만 20년이 흐른 지금 모든 것을 내려놓았다. 가슴속 응어리도 대부분 삭았다. 대우의 업적은 분명 공과가 있을 것이고 그것은 훗날 역사가 평가해줄 것이다.

5년간 남편이 해외에서 유랑생활을 하는 동안 많은 사람의 도움을 받았다. 그분들이 왜 그리 우리에게 잘해주었는지 모른다. 처음에 남편은 수단으로 갔다가 다시 독일로 갔다. 독일에서는 바젤 근방 심장병 치료 요양병원에 입원한 것으로 기억된다. 도시 이름은 생각이 나지 않는데 요양병원을 겸하고 있는 병원이었다. 거기서 6개월 정도 지냈다. 주변 풍광이 무척 아름다운 곳이었다. 병원에 꽃도 많았고 닭도 길러 아침마다 닭이 우는 소리가 들렸다. 그러나 영어로 전혀 대화가 안 되고 독일어밖에 통용이 안 되니 답답했다. 너무 불편하여 6개월쯤 살다가 이탈리아로 옮겼다. 도시 이름은 기억이 안 나는데 제법 추운 지방이었다. 얼음처럼 차가운 물에 쌀을 씻어서 손이 빨갛게 되었다. 우리가 거기서 춥고 힘들게 살고 있는데 어느 날 암누웨이 태국 부총리가 우리를 방문했다.

"아니, 회장님이 여기서 왜 이 고생을 하십니까?"

그는 우리가 사는 모습을 보고 깜짝 놀랐다. "우리나라로 오십시오. 태국이 따뜻하고 살기 좋습니다. 저희가 생활비를 다 부담하겠으니 걱정하지 마시고 오세요."라며 태국으로 올 것을 권했다. 동양 사람들은 확실히 정이 많다. 그는 우리와 비즈니스 관계로 맺어진 사이가 아니었다. 남편이 한참 활동할 당시 상하이 외교자문단의 멤버였다. 같이 활동하면서 인간적으로 친해졌다. 그는 인물도 좋고 품성도 신사다웠다. 테니스를 무척 좋아해서 집에 테니스 코트가 있을 정도였다. 그냥 우리가 보기가 딱해서 호의를 베풀었다. 그의 권유에 갑자기 태국으로 가게 되었다. 고맙게도 태국에서 비행기를 내주었다. 공항에 도착하니 큰 리무진이 와 있었다. 우리가 짐이 많은 줄 알고 큰 차를 보냈는데 가져간 건 달랑 보따리 하나였다.

"짐도 없이 이렇게 다니시다니."

그가 무척 마음 아파하며 남편과 껴안고 같이 울었다. 태국에서는 그분들이 우리 생활을 많이 보살펴주었다. 그는 태국에 집이 여러 채가 있었다. 나에게 어디든지 가서 살라고 했다. 처음에는 홍켄이라는 소도시에 살았다. 암누웨이는 자기 친척 집에서 파티할 때마다 초대했다. 여동생을 시켜서 음식을 보내오곤 했다. 집을 내주고 생활비도 다 대주고 먹을거리도 다 봐주어 신경을 쓸 일이 없을 정도로 편안하게 지냈다. 참 고마운 분이다. 하지만 사정상 태국에서도 여기저기 옮겨 다녔다. 할 일은 없고 시간은 많고 하니 남편은 집에서 골프를 배웠고 골프장에도 함께 갔다.

베트남 주석궁에서 도 무어이 당서기장과 함께.

골프를 안 치는 날은 남편은 도베르만과 산책을 했다. 도베르만은 독일에
있을 때 독일인 지인이 남편이 외롭고 적적할까 봐 입양해주어서 키우게
되었는데 금세 다정한 친구가 되었다. 아주 똑똑했다. 보기 드물게 좋은 혈통의
개였다. 평소에 동물에 관심을 가질 시간이 전혀 없던 남편인데 생각지도
못했던 일이다. 남편은 도베르만과 정이 듬뿍 들었다. 내가 요리하려고 사 온
고기를 도베르만에 몰래 주곤 했다.

"당신 먹으라고 사 온 고기를 개를 주면 어떡해요?"

나는 아까운 마음에 나무랐지만 남편은 계속 몰래 주곤 했다.

도베르만이 더울까 추울까 노심초사하며 에어컨을 튼 시원한 방에
슬쩍슬쩍 들여놓았다. 태국에 갈 때도 도베르만을 데리고 갔다. 거기서 새끼를
네 마리나 낳았다. 도베르만에게 정을 붙이며 허전함과 외로움을 달래던

남편의 모습이 아직도 짠하다. 하지만 이별이 찾아왔다. 한국에 가려고 마음을 먹었는데 도베르만을 데리고 올 수는 없었다. 할 수 없이 태국에 선물로 주었다. 나중에 들으니 새끼들을 훈련하여 경찰견으로 쓴다고 했다. 우리는 그때 너무나 정신이 없어서 도베르만들을 한국에 데리고 올 생각도 못 했다. 만일 그 개들을 데리고 왔더라면 또 무슨 소리를 들었을까? 이런저런 우려에 남편은 애지중지하던 도베르만과 이별을 선택할 수밖에 없었다.

암누웨이 부총리 외에도 남편의 지인들이 1만 달러, 2만 달러씩 형편에 맞게 도와주었는데 경제적으로 보탬이 되었다. 돈을 떠나서 그분들의 도움은 우리에게 정신적으로 용기와 희망을 주었다. 우리가 이렇게 망했는데도 도와주는 사람이 있는 걸 보면 우리가 헛살지는 않았다는 생각이 들었기 때문이다.

어느 날 골프장에 가니 갑자기 우리말이 들렸다. 한국인 골프 관광객들이 왔나 보다 했다. 그런데 그들이 우리를 알아보고 한참 쳐다보았다. 남편을 알아본 눈빛이었다. 그 골프장 컨트리클럽에는 메뉴에 김치찌개가 있을 정도로 한국인 골퍼들이 자주 오는 곳이라는데 우리는 몰랐다. 아니나 다를까, 다음 날 우리나라 언론에는 김우중 회장이 골프를 치러 다닌다고 크게 보도되었다. 언론에 한 줄 나는 것이 두렵고 무서웠다. 그 일이 있고 나서는 사람들과 마주칠까 봐 당분간 꼼짝 안 하고 집에만 있었다.

남편이 태국에 거주하고 있을 때다. 딸 선정이가 베니스 비엔날레 한국관 총감독을 맡아서 테이프 커팅 행사에 나를 초청했다. 비행기를 타야 하는데 기자들이 구름처럼 공항에 모였다. '밖에 저렇게 기자들이 많은데 어떻게 나가야 하나?' 몸도 마음도 약해진 상태라서 힘들었다. 당시 나는 목 수술을 한 직후라서 걷기도 어려워 휠체어를 타야만 했다. 나 때문에 비행기가 못 떠나면 안 되니 어쩔 수 없이 모자를 푹 눌러쓰고 밖으로 나갔다.

"남편을 보러 가세요?"

카메라 플래시와 질문이 쏟아졌다. '남편은 태국에 있는데 헛수고해서 어떡하지.'라고 마음속으로 걱정하기까지 했다. 하지만 내 말을 아무도 믿어주지 않았다. 사람들과 언론이 무서웠다. 간신히 비행기를 타고 안도했다. 나는 약을 먹고 담요를 뒤집어쓰고 잠만 잤다. 그런데 웬걸. 자고 일어난 후 비행기에 기자 두 명이 탄 것을 알았다. 당시 비엔날레 때문에 관광객이 많아서 베니스 호텔은 6개월 전에 예약해야 할 정도로 방이 없었다. "어디서 주무실 건데요?" 베니스에 도착하니 기자들이 물었다. "묻지 마세요."라고 답하면서도 관광 회사 사장에게 기자들 호텔 방을 잡아달라고 부탁했다. 베니스 섬 안에는 방이 전혀 없어서 바깥의 기차역 근처에 방을 예약해준 기억이 난다.

이것으로 일단락된 줄 알았는데 소동은 거기서 끝나지 않았다. 한국으로 돌아갈 때도 비슷한 해프닝은 계속되었다. 내가 베니스에서 파리로 건너와서 비행기를 타고 가는 줄 알고 파리 드골 공항에 밤새워 기자들이 기다렸다고 보도된 것을 읽었다. 나는 테이프 커팅 행사가 끝난 뒤 베니스에서 기차를 타고 취리히에 가서 거기서 서울로 돌아왔다. 본의 아니게 많은 기자들에게 헛고생을 시킨 셈이 되어 미안한 마음이 들었다. 하지만 그때 나를 만났더라도 남편은 태국에 있었기 때문에 취재에는 아무 도움이 되지 않았을 것이다. 그럼에도 남편을 취재하려고 기자들도 고생하고 우리 가족도 모두 고통을 받았다.

어느 날 베트남의 도 무어이 서기장에게서 연락이 왔다. 그가 남편에게 뜻밖의 제안을 했다.

"우리나라에 오셔서 베트남 경제를 활성화해 주세요."

남편이 수락하여 경제 고문으로 위촉되었는데 보수를 얼마나 받았는지는 기억이 안 난다. 베트남에서 살 집을 내주고 생활비를 보조했다. 우리는 하노이 근방에서 살았다. 나름 겉으로는 평온한 생활이었지만 외유가 길어질수록 내적으로는 조금씩 균열이 생겼다. 남편은 수면제를 먹지 않고는 잠을 잘 수 없을 정도로 약에 의존하는 강도가 점점 높아졌다. 건강도 점점 더 안 좋아졌고 인터폴은 서서히 남편을 조여 왔다. 나는 그런 상황을 지켜보다 못해 남편을 설득했다.

"한국에 들어갑시다. 경찰에 붙잡혀서 가느니 내 발로 가는 것이 낫겠어요."

하지만 남편은 아내인 나에게조차 항변했다.

"내가 도대체 무엇을 잘못했는데?"

'난 나라를 위해서 일한 죄밖에 없다.'라는 것이 남편의 순진한 생각이었다. 남편은 장사꾼이 아니라 기업가가 되고 싶어 했고 자원이 부족한 작은 나라 대한민국을 전 세계로 뻗어나가게 하고 싶었다. 그에게 씌워지는 죄목은 늘어만 갔다. 그런데 남편은 그 상황을 이해하지도 받아들이지도 못했다. 오히려 설득하려는 나하고 싸우려고 했다. 하지만 나는 계속 설득했다. 결국은 남편의 건강이 계속 나빠져서 결국 한국에 돌아오기로 결정했다. 장 협착 등으로 여러 수술을 받아서 몸이 허약해졌고 고혈압과 스트레스로 인해서 건강은 회복 불가능 상태에 있었다. 그때가 2005년이었다. 유랑 생활을 시작한 지 5년 만의 귀국이었다.

내 삶에서 가장 잘한 일

골프에 한창 빠져 살던 때였다. 어느 날 수원 컨트리클럽에서 골프를 치고 집에 가는 길에 골프장 인근의 땅을 지나치게 되었다. 눈앞에 허허벌판 땅이 펼쳐져 있었다. 문득 '여기에다 병원을 지으면 좋겠다.'라는 생각이 들었다. 학교까지 지으면 더욱 좋겠다. 사회가 점점 고령화가 되어가는 상황도 그렇지만 주변

어르신들이 편찮으셔서 돌아가시는 일이 자꾸 생기니 병원에 관심이 생겨났다. 남편을 졸랐다.

"여보, 병원이 필요해요. 병원을 지읍시다. 늙으면 우리 모두 다 병원 신세를 져야 해요."

여지없이 남편은 또 반대했다. 그래도 물러서지 않고 계속 주장을 하니 "그럼, 알아서 해." 하고 마지못해 허락했다. 허허벌판 빈 땅이었지만 자금 사정상 땅을 많이 사지는 못했다. 그래도 땅을 사들이고 병원을 지었다. 그 병원이 아주대 병원이다. 남편은 병원에 갈 때마다 아이들에게 "엄마에게 고마워해라."라고 했다. 나도 내가 한 일 중에 가장 잘한 것 하나가 병원 아이디어를 내고 밀어붙인 일이라 생각한다. 남편이 죽기 전 1년간 남편은 그 병원에서 해맑은 어린애처럼 누워 지냈다. 남편이 그래도 대우가 지은 병원에서 마음 편하게 있다가 건 것이 조금은 위로가 되었다.

아주대 병원에는 승강기가 둘이 있다. 일반용과 직원용. 보통은 일반용 승강기를 탄다. 남편을 만나러 간 어느 날. 환자용 승강기는 한참이 지나도 안 오는데 마침 직원용 승강기가 왔다. 그날따라 너무 피곤하여 그냥 직원용을 타버렸다. 직원이 한마디를 한다. 내 행색이 아무래도 직원으로는 안 보였을 것이다.

"할머니! 이 승강기 타시면 안 돼요."

내가 말했다.

"선생님, 저도 이 승강기를 탈 자격이 있는 사람입니다." 그는 고개를 갸우뚱했다. 그는 모를 것이다. 허허벌판을 보며 번뜩 든 '병원을 짓자.'라는 생각을 반대를 무릅쓰고 실천한 여자가 엘리베이터에 탄 할머니 정희자라는 것을.

남편이 아이들에게 "엄마한테 잘해드려라."라고 말하는 것은 단순히 내가 병원을 짓자고 해서 잘하라는 것만이 아니다. 사업과 결혼하고 가정을 돌보지

둘째 아들 선협이와 아도니스 골프장에서.

못했으나, 대신하여 가정을 지킨 고마움과 미안함을 갚으라는 뜻일 것이다. 남편은 건강이 안 좋아지고 나서 아이들에게 더 잔소리가 늘었다. 남편의 다정한 눈길 한 번 제대로 못 받고 산 아내가 그제야 눈에 들어왔나 보다.

　선협이는 남편을 많이 닮았다. 나이가 들면서 더 닮아가는 것 같다. 근데 정작 본인은 아버지 닮았다는 말을 듣기 싫어한다. 아마 흰 머리와 머리숱 때문에 그럴지도 모른다. 남편도 외모가 시아버지를 빼닮았다. 집안 내력인 듯하다. 어느 날 막내 선용이가 예쁜 티셔츠를 입고 왔기에 잘 어울린다고 칭찬했더니 "이거 매형이 입던 거예요."라고 대답한다. 누나가 몇 년에 한 번씩 매형이 안 입는 옷을 모아서 준다고 한다. 선용이는 1975년에 대우가 한창 성장할 때 태어난 아이다. 어느 집이나 자식 귀하게 키우지 않은 집이 있겠느냐만 선용이는 참 귀하게 큰 아이인데 지금은 아무렇지도 않게 매형이

막내아들 선용이와 하버드대 졸업식에서. 선용이는 하버드대 경제학과를 졸업하고 MIT대 대학원에 진학했다.
남편은 아무리 바빠도 아이들 입학식과 졸업식에는 참석하려고 노력했다.

입던 옷을 입고 다닌다. 물자를 아끼는 집안의 습관이 한몫했을 것이다.

아이들에게 내가 물었다. "너희들 바쁜데 왜 이리 내게 신경을 쓰니?" 답은 명쾌하다. "아버지가 엄마에게 효도하라고 하셨어요." 물론 내가 엄마니까 잘하겠지만 엄마에게 잘하는 것이 아빠에게도 효도하는 것이라고 아이들은 생각한다. 대우가 해체되고 모진 풍파를 겪었지만 가족이 있기에 버틸 수 있었다. 힘든 일을 겪으면 파괴되고 해체되는 가족이 많다고 하지만 우리는 거꾸로다. 오히려 가족 간의 정이 늘었다. 서로 안타까워하며 소중하게 생각하며 힘든 세월을 버티었다. 대우와 결혼한 바쁜 남편은 평생 가족과 함께할 시간이 없었지만 대우 해체 이후 외국을 떠돌다 한국에 돌아온 다음 가족끼리 더 많은 시간을 함께할 수 있었다. 결혼 생활 55년 동안 지낸 세월보다 최근 병상에서 함께한 시간이 더 많을 정도이니 더 말해 무엇하겠는가. 보통 사람들의 삶과는 확연히 다르게 살았지만 아이들 교육만큼은 평범하고 엄하게 시켰다. 남편에게 내가 큰소리칠 수 있었던 것도 똑바로 잘 자란 아이들 덕분이기도 했다.

아이들이 배려심 있고 예의 바르게 자란 점은 정말 나의 보람이며 자랑이다. 선정이가 능력 있는 큐레이터가 되어서 자랑스러운 것이 아니고 선협이가 MIT를 나오고 선용이가 하버드대를 나와서 기특한 것이 아니다. "엄마 어제 잘 주무셨어요? 식사는 잘하셨어요?"라고 물으며 늙고 병든 어미를 챙기는 마음 씀씀이가 대견하고 기특한 것이다.

가족끼리 여행 가는데 엄마도 같이 가자고 조르는 선협이, 시간 날 때마다 같이 밥을 먹자고 나를 챙기는 선용이, 일과 가정에 정신없이 바쁘지만 틈날 때마다 나와 동생들을 챙기는 선정이. 어떨 때는 아이들이 효도 경쟁이라도 하는 것 같다. 이렇게 말하면 남들은 자식 자랑한다고 하겠지만 이건 사실이다. 대우그룹이라는 회사는 잃었지만 우리에게는 가족이 있었다.

남편이 세상을 뜨기 전에 선정, 선협, 선용 부부와 온 가족이 함께 가족사진을 찍었다. 귀여운 손주가 모두 일곱 명이다. 첫 손자는 어느새 서른세 살이
됐다. 기특하고 의젓하다. 여덟 살인 막내 손자는 딸처럼 재롱이 많다.

가족은 나의 전부

서울힐튼호텔이 매각 대상에 포함되었을 때 나는 샹들리에에 목이라도 매고
싶었다. 어떻게 일군 호텔인데 이렇게 허무하게 남의 손에 넘어가다니 기가
막혔다. 하지만 기가 막힐 일이 계속 이어졌다. 정부에서 집과 안산농장은
남겨주겠다고 했는데 아무도 약속을 지키지 않았다. 방배동 집이 경매로
넘어가는 것도 오래 걸리지 않았다. 다들 주변에서 "낙찰을 받을 사람이 없을
거예요."라고 나를 안심시켰다. 낙찰이 안 되면 다른 방법이 있을 거라고도
했다. 그러나 집은 금방 낙찰되었다. 그래도 낙찰을 받은 분이 배려해주어서 그
집에서 1년을 더 살았다.

선재를 묻은 안산농장은 더 기가 막혔다. 아무리 그렇더라도 아들을 묻은
데에다 길을 내는 법은 없다. 하지만 어쩌랴. 이것이 내게 닥친 현실이고 나의
인생인 것을. 산 사람에 대한 배려도 전혀 없는데 죽은 사람에 대한 배려를
기대하는 것 자체가 바보 같은 짓이었다.

"당신이 선재를 죽인 거나 마찬가지야."

선재가 죽었을 때 남편은 나를 원망했다. 한참 운전을 좋아하던 아들에게 새 차를 사 주었으니 결국 사고가 났다는 것이다. 차를 사 준 것만 후회되는 건 아니다. 그때 뉴욕에 오지 말라고 더 세게 말할걸. 우리가 미국에 가지 말걸. 우리가 간다고 알리지 말걸. 끝없는 후회가 자괴감과 함께 밀려오면서 더 이상 살아낼 수 없을 것 같던 날들도 모두 지나갔다. 그토록 그리웠던 선재를 다시 만날 날이 가까워 온다. '선재야, 다음 생에서 오래오래 같이 살자.'

지금껏 살아온 일 중에서 가장 보람 있는 일을 꼽으라면 2남 1녀 우리 아이들이 건강하게 바르게 잘 자란 일이다. 그런데 이렇게 지난날을 돌이켜 기억을 글로 정리하다 보니 아이들한테 미안한 게 너무나 많다. 선협이는 어려서 유학을 보냈다. 초등학교 5학년 때다. 조기 유학의 배경에는 남편의 세계 경영 철학이 한몫했다. 일찍부터 넓은 세계를 보고 영어를 배우라고 조기 유학을 보낸 것이다. 시애틀 하숙집에 맡겨놓고 돌아서던 날 벽에 기대서 촉촉한 눈으로 나를 바라보던 선협의 모습이 눈에 선하다. 서울로 다시 데려가고 싶은 충동을 눈물로 참아야 했다.

선정이를 업고 양쪽에 물동이를 들고 물을 나르던 일도 생각이 난다. 선정이는 이제 김우중의 딸이 아니라 김우중이 김선정의 아버지라고 불릴 만큼 인정받는 인물이 되었다. 2005년에는 베니스 비엔날레 한국관을 기획했고 2017년부터 광주 비엔날레 대표를 맡고 있다. 미술계에서 '큐레이터 김선정'으로서 예술적 재능을 확실하게 인정받았다. 맏딸로 태어나 집안의 흥망을 다 겪었지만, 아버지의 유산에서 벗어나서 본인만의 확실한 세계를 구축했으니 기특하고 대견하다.

막내 선용이도 결혼해서 아이가 벌써 셋이다. 처음에는 셋째 며느리를 반대했는데 지금은 언제 그런 일이 있었나 싶을 정도로 가깝게 지내고 있다. 나 먹으라고 반찬도 해오고 싹싹하고 붙임성이 있다. 둘이서 10년이나 연애했다는데 전혀 몰랐다.

내게는 귀여운 손주가 모두 일곱 명이다. 가장 큰 손자는 서른두 살인데 기특하고 의젓하다. 벌써 장가갈 나이가 되었으니 그 아이가 장가가면 나는 증조할머니가 되는 셈이다.

올해가 2021년이다. 김우중 회장과 1964년에 결혼했으니 결혼한 지 55년이나 되었다. 그가 저세상으로 간 지 1년이 지났지만 애통한 마음은 여전하다. 그는 평생 세계 경영을 위해 도전하고 개척했다. 그런 그의 꿈과 철학이 성공으로 귀결되지는 못했기에 더 안타깝다. 하지만 '세계는 넓고 할 일은 많다.'라는 한 문장으로 집약되는 도전과 개척 정신만은 잊히지 않았으면 좋겠다는 것이 나의 간절한 소망이다. 그것은 지난날 우리 사회와 경제 발전을 위하여 꼭 필요한 시대 정신이었고 미래에도 우리 사회의 발전에 불가결한 에너지라고 굳게 믿기 때문이다. 평생 무거운 짐을 지고 산 남편에게 마지막으로 이 한마디를 꼭 해주고 싶다.

"여보, 그동안 고생 많았어요. 다음 생에는 무거운 짐 다 내려놓고 더 행복하게 사세요."

"엄마, 내 마음에 비친 내 모습이 어떨까요?"

원고를 다 마치고 책 제목을 뭐로 할까 고민하고 있는데 선용이가 제안한다. 글을 다 읽어보았는데 그 제목이 딱 떠오르더란다. '내 마음에 비친 내 모습'은 가수 유재하가 부른 노래 제목인데 가사가 나의 인생을 연상케 한다고 했다. 선용이 말이 맞다. 이 책은 내 마음에 비친 내 모습을 기록한 것이다. 내 마음에 비친 내 모습의 중심에는 경주의 벌판을 달리던 어린 소녀의 모습이 가장 크게 오버랩된다. 아버지가 말씀하신 것처럼 짐승 가죽으로 옷과 신을 해 입혀야 할 정도로 강인함으로 한 평생을 버티었다. 인생은 빼지도 않고 보태지도 않은 모습 그대로 남아 있을 것이다.

근심 쌓인 순간들을 힘겹게 보내며
지워버린 그 기억들을 생각해내곤 또 잊어버리고
이제 와 뒤늦게 무엇을 더 보태려 하나!

이 책을 읽어주신 모든 분께 감사드린다.

2021년 1월
정희자

누구의 아내가 아닌 정희자의 일생

후기

2009년 여름 지인에게서 상의할 일이 있다면서 만나자는 연락이 왔다.
만나자마자 지인은 전혀 예상치 못했던 뜻밖의 제안을 했다. 정희자 전
힐튼호텔 회장 평전을 써보지 않겠느냐는 것이었다. 나는 평소 새로운 일을
마다하지 않는 성격이다. 하지만 이번 일은 조금 생각이 필요했다. 정 회장님을
잘 몰랐기 때문이다. 언론에서만 보던 분의 평전을 쓴다는 것이 가능할까
싶었다. 또 나의 그동안의 삶의 궤적과 어느 정도 일치하는 부분이 있어야
한다고도 생각했다. 순간 망설였다.

"엄마가 새로운 일을 하려고 해."

난 혼자 결정하기 어려울 때 하는 일이 있다. 바로 가족들과 상의하는
것. 먼저 딸들과 의논했다. "찬성이야!" "멋지게 한 번 해봐. 재미있겠네."라며
망설임 없는 답변이 돌아왔다. "다른 사람의 인생을 정리하는 건 지평을
넓히는 일이야." 하고 응원해줬다. 새로운 일을 할 때마다 항상 지지해주는

240

딸들이다. 이번에도 무조건 찬성할 줄 알았다. 나는 뻔히 알면서도 물었던 것이고 딸들은 무슨 대답을 원하는지 알면서도 모르는 척 대답해준 것이다. 여느 모녀들처럼 우리도 그렇다. 그런 딸들이 대견하고 고맙다. 사실은 내가 책을 쓰려고 마음을 먹었기에 찬성해주어서 더 고마웠을지도 모른다.

'그래, 한 번 만나보자.' 정 회장님을 한 번 뵙고 결정하기로 했다. 2018년 8월 말 그녀를 처음 만났다. 그녀가 입구로 들어오는 모습을 보고 깜짝 놀랐다. 나는 과거 언론 속에 나오던 한창 젊고 힘차고 카리스마 넘쳤던 그녀를 상상하고 있었다. 그런데 아직 곱기는 했지만 거동이 힘들어 보이는 할머니였다.

"김우중 회장의 부인이 아닌 내 이름 정희자로 살려고 노력한 내 삶을 나 외에는 아무도 모를 거예요. 무슨 일을 맡게 되어도 내 이름에 먹칠을 하지 않으려고 최선을 다했어요."

그녀와 나눈 대화의 첫 마디였다. 이야기가 시작되자마자 나는 곧 그 치열한 삶으로 순식간에 빨려 들어갔다. 첫 만남에서 무려 다섯 시간이나 이야기를 나누었다. 그녀의 어릴 적 이야기를 들으니 우리나라 어머니들의 전형적인 인생이 그대로 고증되는 것 같았다. 축첩하는 아버지, 그로 인한 부부 싸움, 남아선호 사상, 그런 와중에 자신도 모르게 싹트는 자아의식. 그날 저녁 나는 녹초가 되어서 집에 돌아왔다. 그리고 그녀의 이야기를 쓰기로 확실히 마음먹었다.

나는 새로운 프로젝트에 대해서 친구들에게 이야기했다. 친구들은 힐튼호텔 회장 CEO로서의 그녀와 샐러리맨으로 회사를 대기업의 반열에 올린 김우중 회장의 아내로서의 그녀에 대해서 궁금해했다. 그녀에 대하여 말할 때 두 가지 역할을 분리해서 말하기는 어려울 것이다.

대우는 어떠한 회사인가? 1999년 그룹 해체 직전까지 자산 규모 기준으로 현대에 이어 국내 2위였다. 다양한 평가가 있겠지만 대우는 우리나라 경제사의 주요 부분을 차지하고 있다. 그리고 그녀는 온몸으로 대우의 번성과 몰락을 경험했다. 아내의 자리도 범상치 않았지만 엄마의 자리에서도 굴곡진 삶을 살았다. 1990년에 23세인 큰아들을 먼저 하늘나라에 보낸 것이다. 어떻게 그런 힘든 일을 극복했을까? 그녀에게 묻고 싶었고 듣고 싶었다.

또 그녀는 서울힐튼호텔을 직접 짓고 18년 동안 경영한 1세대 여성 CEO였다. 미술 컬렉터로서 미술관 건축과 경영에도 관여했다. 당시 힐튼호텔 홍보실에 근무했던 직원은 "정 회장님은 명색만 회장이 아니라 호텔 건축, 개관, 운영에서 놀랄 만큼 역량을 발휘하셨어요."라고 회고했다. 호텔과 문화를 접목한 선구자였다는 것이다. 당시 힐튼호텔을 개관할 때 헨리 무어의 작품을 구매해 현관에 비치했는데 생각보다 사회적 반향이 컸다. 당시는 비판의 목소리가 높았다. 예술에 대한 안목과 트렌드를 읽는 선견지명이 있지 않고서는 추진하기 어려웠던 일이다. 1970년대 말 우리나라 경제 사정이 어려울 때 고가의 미술작품을 들여온다는 것은 쉽지 않았다. 미술을 사랑하고 또 배짱도 있어야 추진할 수 있는 일이었다.

"다 감당할 수 있는 진짜 리더였어요."

40년이 흐른 지금 그녀의 호텔과 문화의 융합은 호텔을 업그레이드한 앞서가는 시대정신으로 평가받고 있다. "앞서가는 사람은 비판을 받지요. 하지만 그런 것을 다 감당할 수 있는 리더였어요." 여성 직원들도 유학 가게 해주고 돌아와서 다시 근무할 수 있도록 배려해준 따뜻한 리더십의 소유자로도 기억되고 있었다.

그녀에 관한 이야기를 쓰는 데 난관이 있었다. 그녀에 관한 자료들이 생각보다 많이 남아 있지 않았다. 직접 그녀에게 들어보고 주변 인물도 만나보고 자료도 찾아가며 글을 썼다. 대우그룹 부사장을 지내신 아름다운서당 서재경 이사장님께서 내용을 감수를 해주셨다. 이 면을 빌어 감사를 드린다. 10대의 그녀 이야기를 쓰면서는 분노했다가 20대와 30대를 쓸

때는 애잔해졌다가 40대와 50대를 쓰면서는 나도 모르게 신이 났다. 60대와 70대는 안타까운 이야기들이 많았다. 몇 달 동안 글을 쓰면서 나도 모르게 그녀와 한 몸이 돼 글 속에서 트럼프도 만나보고, 김일성도 만나보고, 5성급 호텔도 지어보았다. 이것이 바로 간접 경험, 즉 책이 주는 매력이 아닐까. 더구나 나는 직접 만나 이야기를 듣고 글을 썼으니 더 동화가 더 컸으리라.

이제 그녀를 내 마음속에서 세상으로 내보내려고 한다. 글을 마치는 순간 무엇보다도 확실해진 사실 하나가 있다. 그녀에게 '대우그룹 김우중 회장 부인'이란 수식어가 필요하지 않다는 것이다. 그녀 이름은 그냥 '정희자'다.

2021년 1월
이복실

「해바라기」ⓒ 정희자

저자 소개

정희자

1940년 서울 종로구 청진동 278번지에서 태어났다. 부모님과 떨어져서
유년 시절을 경주에서 외할머니와 보냈다. 경주여중고, 한양대 건축학과를
졸업하였다. 대학을 졸업하고 외국 유학의 꿈을 키워가던 어느 날 친구의
소개로 안정적인 직장을 다니던 샐러리맨 청년 김우중을 만나 1964년
결혼하였다. 2019년 그가 하늘나라에 가기까지 55년을 함께 살았다. 1984년
서울힐튼호텔 회장에 취임하여, 김우중의 아내가 아닌 호텔 경영인 정희자로서,
호텔이 채권단에 넘어가는 순간까지 호텔경영에 몰두하였다. 경주힐튼호텔,
옌볜대우호텔, 하노이대우호텔을 건립하였으며 불가리아 소피아 쉐라톤호텔,
알제리 인터내셔널 알제호텔을 인수하여 운영하였다. 대우 부도 사태 때
자식처럼 키워온 서울힐튼호텔이 매각되는 고통과 사랑하는 두 남자, 남편과 큰
아들 선재를 먼저 보내는 아픔을 겪었다.
남편 김우중과의 사이에 3남 1녀 선정, 선재, 선협, 선용을 낳았다.
1995년 숙명여대 명예 박사학위를 받았다. 1999년 제31회 신사임당상,
2011년 부산국제영화제 공로패, 2012년 몽블랑 예술후원자상을 수상했다.

이복실

전 여성가족부 차관, 세계여성이사협회 한국지부 회장.
서울에서 태어나 창덕여고와 서울시립대 도시행정학과를 졸업했다. 미국
서던캘리포니아대USC에서 교육학으로 석사학위와 박사학위를 받았다.
고등학교 시절부터 한 사람의 사회인으로서 직업을 가져야겠다고 결심했다.
그래서 대학 재학 시절 당시 남성들의 영역이었던 행정고시에 도전했고
1985년에 여성으로는 네 번째 행정고시 합격자가 됐다.
30년간 중앙부처에 재직했으며 주로 여성, 청소년, 가족 관련 업무를 담당했다.
2013년에는 2001년 여성가족부가 설립된 이래 최초의 여성 차관으로
임명됐다. 현재 여성 경제인 단체인 세계여성이사협회 한국지부 회장을 맡고
있다. 주요 저서로는 『여자의 자리 엄마의 자리』 『나는 죽을 때까지 성장하고
싶다』 등이 있다.
이메일: bslee8812@gmail.com

내 마음에 비친 나의 모습

: 정희자의 삶과 도전

초판 1쇄 발행 2021년 2월 8일
초판 3쇄 발행 2023년 6월 2일

지은이 정희자 이복실
펴낸이 안현주

국내 기획 류재운 이지혜 **해외 기획** 김준수 **메디컬 기획** 김우성
편집 안선영 박다빈 **마케팅** 안현영

아트디렉션 및 디자인 김성렬 | 반 그래픽 스튜디오
사진 오형근 p.13, 247

펴낸곳 클라우드나인   **출판등록** 2013년 12월 12일(제2013-101호)
주소 우) 03993 서울시 마포구 월드컵북로 4길 82(동교동) 신흥빌딩 3층
전화 02-332-8939   **팩스** 02-6008-8938
이메일 c9book@naver.com

값 25,000원
ISBN 979-11-91334-01-2 03320